| 적그리스도와 마지막 때 분별하기 |

적그리스도와
마지막 때 분별하기

마크 빌츠 지음 | 서은혜 옮김

목차

6_ 추천사

8_ 감사의 글

10_ 머리말

19_ 서문

1부 이론과 신화, 오해 파헤치기

1장 역사적 관점 ─────────────── 30

2장 마지막 때에 대한 유대적 견해 ─────── 38

3장 마지막 때에 대한 이슬람적 견해 ────── 78

4장 마지막 때에 대한 기독교적 견해 ────── 98

5장 대체신학 ────────────────── 116

6장 그리스 철학의 기원 ─────────── 125

7장 적그리스도 이론들 ────────────── 136

2부 진리에 관한 성경의 열쇠들

8장 솔로몬: 무법자의 모형 ——————————— 144

9장 이스라엘의 영광스러운 날들 ——————————— 174

10장 마태복음 24장과 하누카, 그리고 메시아 ——————————— 198

11장 부림절과 마지막 때 ——————————— 208

12장 요한계시록과 여호와의 절기들 ——————————— 220

232_ 결론

239_ 부록

246_ 주

추천사

《적그리스도와 마지막 때 분별하기》는 마지막 때에 대해 놓치고 있는 퍼즐 조각들을 맞춰 준다. 빌츠 목사는 우리의 시야를 가리는 전통과 왜곡된 생각을 뚫고, 곧바로 성경의 핵심으로 들어간다. 이 책은 지금까지 알려지지 않은 몇 가지 중요한 열쇠들을 드러내어, 마지막 때와 예슈아의 재림에 대한 진리를 열어 준다. 종말론 연구에 생기를 불어넣을 이 책은 주님의 오심을 갈망하는 이들에게 큰 유익이 될 것이다.

_조엘 리차드슨 《마지막 때와 이슬람》의 저자

마크 빌츠 목사는 성경과 역사적 사건들을 바탕으로 마지막 때에 대한 다양한 관점을 제시하여 적그리스도에 대한 이해를 돕는다. 이 책은 중요한 정보와 놀라운 통찰로 가득 차 있다.

_페리 스톤 The Voice of Evangelism(VoE) 설립자, 《사탄의 전략》의 저자

이 책은 진리를 추구하는 모든 사람을 위한 필독서이다. 하나님께서 계시들을 풀어내고 빛과 진리를 드러내도록 마크 목사를 축복하시고 기름 부으셨다.

_하이담 베스마 《속임에서 진리로, 알라에게서 하나님께로》(From Deception to The Truth, From Allah to God)의 저자

마크 빌츠 목사의 예언적 목소리는 기독교의 뿌리인 유대교와의 화해의 필요성을 깨우쳐 주는 뜻깊은 첫걸음이 될 것이다. 그의 신실함과 담대함 그리고 백과사전적 지식은 예슈아를 따르는 모든 이들에게 값진 선물이 될 것이다.

_랍비 이츠학 샤피라 Ahavat Ammi Ministries and Yeshivat Shuvu 설립자

감사의 글

40여 년간 신실한 인생의 동반자로 함께해 준 사랑하는 아내 비키에게 감사의 마음을 전한다! 그녀는 내가 믿음 위에 견고하게 설 수 있도록 지켜 주었고, 아름다운 아내의 눈으로 세상을 바라보며 진정으로 감사하는 법을 배웠다.

엘샤다이 선교회의 중역들과 직원들, 또 우리와 함께 예배하는 이들과 30여 개국에서 매주 생방송을 시청하는 모든 영의 가족들에게 감사드린다. 그들의 격려가 없었다면, 이 일을 절대 해낼 수 없었을 것이다.

이 책을 쓰는 데 큰 도움을 준 세 사람에게 특별히 감사의 마음을 전하고 싶다. 그들은 모두 학자이다. 《히브리어로만 밝힐 수 있는 하나님의 비밀들》(God's Secrets Only Hebrew Can Reveal)을 비롯하여 히브리어에 관한 다양한 책을 저술한 대니 벤–지지 박사에게 감사드린다. 그는 현대 히브리어 및 성경 원문에 대한 바른 이해를 위해 반드시 알아야 하는 전문가이다. 그를 친구라고 부르게 되어 영광이다.

《코셔 돼지의 귀환》(The Return of the Kosher Pig)의 저자인 랍비 이츠학 샤피라에게 감사드린다. 그는 유대 자료를 통해 기독교인들이 유대인들의 생각을 더 깊이 이해하고, 유대인들이 복음을 더 쉽게 받아들일 수 있도록 지대한 공헌을 하고 있다.

나의 새로운 친구 하이담 베스마에게 감사의 인사를 전한다. 하나님의 백성을 향한 특별한 마음을 가진 그는 코란을 통째로 외우는 국제적 경제학자이자 이슬람 학자였다. 그런 그에게 예슈아께서 죽음의 병상에서 나타나셨고, 그 일로 그의 삶은 영원히 바뀌었다! 그의 저서인 《속임에서 진리로, 알라에게서 하나님께로》(샘 다니엘스라는 필명으로 저술함)는 많은 사람들이 진리를 들고 무슬림들에게 다가가는 데 큰 도움이 되었다.

머리말

만일 마크 빌츠 목사가 선지자라고 말한다면, 눈살을 찌푸리면서 이 주장을 의심하는 사람들이 있을 것이다. 어떻게 내가 이런 확신을 갖게 되었는지가 이제부터 말하고자 하는 바다.

잠시 편안한 마음으로 용어를 정의해 보자. 나는 마크 빌츠 목사가 이사야나 예레미야 선지자와 같은 사명을 받았다거나 하나님을 대신하도록 권위를 위임받은 자라고 주장하는 것이 아니다. 그가 이 시대를 향한 하나님의 뜻을 전달하는 자임을 시간이 증명해 줄 것이라는 뜻이다.

이해를 돕기 위해 개인적인 이야기를 해보겠다. 유대의 구전 율법서인 미슈나의 가장 중요한 글인 '아버지들의 윤리'(The Ethics of the Fathers)에는 다음과 같은 문구가 있다(여기서 '아버지들'은 아브라함, 이삭, 야곱을 의미함 – 역자 주). "너 자신을 위해 라브(Rav, 선생)를 만들라. 너 자신을 위해 친구를 얻으라. 그리고 모든 사람을 긍정적으로 평가하라."[1]

유대인의 지혜에 있어서 윤리적·철학적으로 중요한 이 글을 깊이 들여다보지 않아도, 다음과 같이 요약할 수 있다. "당신이 얼마나 현명하든(현명하다고 생각하든), 자신을 위해 영적으로 신뢰하는 선생을 두고 그를 따라야 한다. 여기서 따른다는 것은 전심으로 그의 지도력과 가르침, 지시를 따르는 것을 의미한다. 중요한 것은 자신에 대한 긍지나 자아(인생에서 중요한 가르침을 받는 데 크게 방해가 되는 것들)를 내려놓고, 그의 가르침과 충고를 자신의 생각보다 우선시해야 한다는 것이다."

몇 년 전 마크 빌츠 목사와 솔로몬 왕에 대해 격렬한 논쟁을 벌인 후, 비록 그가 개신교 목사이긴 하나 '나 자신을 위해' 그를 나의 라브(영적 선생)로 삼기로 했다. 그와 대화를 하기 전까지는 나도 대부분의 이스라엘 사람들이 그렇듯 솔로몬 왕을 추앙했었다. 솔로몬 왕에 대한 빌츠 목사의 의견을 들었을 때, 나의 첫 반응은 분노와 실망 그리고 불신이었다. 그러면서도 한편으로 '그토록 오랜 기간 히브리어를 공부했는데, 어떻게 솔로몬 왕에 대한 이런 참혹한 사실들을 놓칠 수가 있는가?' 하며 의아해했다. 그날 내가 '아는' 것이 사실적 진리라기보다는 주관적 생각이었다는 것을 깨달았다. 아마도 많은 사람들이 그럴 것이다.

우리는 무의식적으로 잘못된 교리를 구축하고 있는 경우가 많다. 그래서 때로는 이 책에서 제안하듯이 그런 것들을 다시 논의해야 한다. 고통스럽지만, 나는 마크 빌츠 목사가 말한 모든 것이 성경적으로 옳다는 것을 인정해야만 했다. 또한 그 고통의 근원이 나의 교만이라는 것을 깨달았다. 나는 오직 고집스런 얼간이들만이 절대 생각을 바꾸지 않는다는 것을 깨닫고, 이전에 내가 알던 '지식'을 수정했다. 자신의 유익을 위해 이 원칙을 시도해 보라. 그리고 8장 '솔로몬: 무법자의 모형'을 읽어 보라. 나만큼은 아니어도, 분명 당신도 충격을 받을 것이다.

이 책을 읽을 때, 먼저 자신이 아는 것과 다르게 들리는 진리에 마음을 열어 놓으라. 이 책에서 배우려면 지적 예의가 필요하다.

이제 마크 빌츠 목사가 선지자라는 나의 주장을 변호해 보겠다. 이 책은 다른 책과 다르게 큰소리로 경고음을 울려 우리가 더 이상 무관심한 상태에 머물지 못하게 한다. 그중 하나가 인공지능의 사용 및 그것의 오용에 따르는 심각한 결과이다. 인공지능이 우리의 생각에 영향을 끼치고, 심지어 생각을 바꾸어 우리의 신념까지 조종할 가능성이 있다는 것은 참으로 우려할 만하다. 그것은 조지 오웰이 1949년에 쓴 디스토피아(Dystopia, 현대의 부정적인 측면이 극단적으로 나타난 가상사회 – 역자 주)에 관한 소설 《1984년》(Nineteen Eighty-Four)에 등장하는, 세상을 통제하는 권력의 상징인 '빅브라더'의 사악한 도구가 될 수도 있다.

이 소설은 대부분의 사람들이 지속되는 전쟁과 무소부재적 정부의 감시 그리고 철저한 선전문구의 희생자가 되는 1984년을 배경으로 하는데, 오늘날의 상황을 볼 때 참으로 예언적이라고 할 수밖에 없다. 이 책은 BBC에서 선정한 '반드시 읽어야 할 책' 목록의 8위에 올랐으며, 지금도 여전히 중요한 책이라고 할 수 있다.

오늘날의 현실을 극적으로 예측한 또 다른 20세기의 소설로 올더스 헉슬리의 《멋진 신세계》(Brave New World)가 있다. 1932년에 출간된 이 소설은 특정한 유전적 자질을 갖도록 설계된 인간을 만드는 정부가 지배하는 미래 세계를 묘사하였다. 이 책에서 정부는 특별한 유전자 배양기에서 알파와 베타, 감마, 델타 유형의 등급이 매겨진 다양한 종류의 인간을 생산해 낸다. 이렇게 만들어진 인간의 지능 지수와 건강 그리고 개인의 특성들은 정부에 의해 미리 설계되고 통제된다. 이러한 획기적인 디스토피아 소설 또한 한때 역대 최고 소설 53위에 올랐다.

오늘날, 정부들에 의해 전 세계적으로 비밀스럽게 인간의 유전자 조작이 자행되고 있다. 뿐만 아니라 2018년 10월에는 중국에서 처음으로 정부에 의해 진행된 실험을 통해 유전자가 조작된 여자아이가 태어났다. 물론 그것은 특정한 유전자에서 HIV(후천성 면역결핍증) 감염 유전자 배열을 바꾸기 위한 것이었다. 그런데 유전자 배열을 바꾸는 것이 완전히 예측 가능한 작업이 아니며, 유전자를 제거함으로 예상치 못한 결과를 초래할 가능성이 있다고 한다. 섬뜩하지 않은가?

이러한 측면에서 '완벽한' 적그리스도를 탄생시키기 위해 인공지능과 유전 공학 기술을 사용할 가능성에 대한 마크 빌츠 목사의 예언은 매우 훌륭하다. 왜냐하면 그의 예언이 무리한 가정보다는 확고한 논리에 기반을 두고 있기 때문이다. 그의 예언을 뒷받침하는 원리는 단순하기에 단연 압도적이다. 마귀는 결국 자신의 목표를 이루기 위해 가장 적합한 무기를 사용할 것이다. 더구나 앞에서 언급한 두 소설의 예언적 시나리오는 현재 놀라운 속도로 우리 눈앞에서 실현되고 있다.

이러한 일련의 상황들을 볼 때, 이 책의 예언적 가치가 앞에서 언급한 두 소설에 결코 뒤지지 않는다고 할 수 있다. 다만 차이점이 있다면, 두 소설이 오직 세속적인 면만을 다룬 반면, 마크 빌츠 목사는 오늘날의 무시무시한 과학기술이 적그리스도 또는 그의 조종을 받는 자들에게 이용될 가능성을 최초로 언급했다는 것이다. 이 책 전반에 걸쳐(특히 7장에서) 마크 빌츠 목사는 쓸데없이 적그리스도의 정체를 추측하는 대신, 그의 수법에 시선을 고정시킨다.

가장 '성공적인' 적그리스도는 메시아이신 그리스도를 철저히 무시하는 자일 것이다. 그의 영향력이 커질수록 우리가 입게 되는 피해도 커질 것이다. 현대의 복잡한 사회를 미혹하기 위해 적그리스도가 가장 진보된 기술로 무장할 것이라는 예상은 의심의 여지가 없다. 따라서 마크 빌츠의 충격적인 예측은 충분히 가능성이 있으며, 매우 논리적이다.

파괴적인 유대인 적그리스도

사실 유대인들은 적그리스도에 대한 개념이 없다. 그래서 그들은 적그리스도의 영향에 가장 취약하다. 이러한 점을 입증하는 것이 약 350년 전 유대인들이 경험한 참화이다. 그것은 너무나 무시무시해서 유럽 전역의 유대인들이 거의 멸절될 정도였다. 전쟁도 아니었고, 재앙에 의한 것도 아니었다. 그것은 사바타이 체비라는 거짓 메시아 때문이었다. 유대인 적그리스도였던 그는 폴란드(지금의 우크라이나)의 포돌리아에 있는 유대교 연구센터에 나타나 짧은 시간에 대부분의 유럽 유대인들을 미혹하였다. 그는 적그리스도에 대해 마크 빌츠가 예측한 것과 같이, 당시의 가장 정교한 무기를 장착하고 있었다. 그의 무기는 그 시절 유대인들이 가장 성스럽다고 여겼던 《카발라》(Kabbalah, 하나님께 다가가는 방법을 알려 주는 유대교 신비주의로, 12세기에 나타나 수세기 동안 유행함 – 역자 주)라는 책이었다.

문제는 책 자체가 아니라, 그것을 교묘하게 오용하는 것이었다. 이 유대인 적그리스도는 그 시대의 가장 위대한 카발라 현자였던 가자의 나단 선지자가 서명한 편지를 가지고 있었다. 이 편지에서 나단 선지자는 《카발라》에서 이합체시(각 행의 첫[과 끝] 글자를 조합하면 의미있는 어구가 되는 시 – 역자 주)를 사용하여 사바타이 체비를 '이스라엘의 메시야'로 명명했다. 이것은 유럽 전역의 수많은 유대인과 기독교인들을 미혹하기에 충분했다.

갑작스런 명성과 영예에 취한 그는 1666년 9월에 터키의 위대한 군주인 코프 룰루의 문 앞에서 그 당시 이스라엘을 다스리던 오스만 제국의 통치자 술탄 메흐메트 4세에게 "내 백성으로 가게 하라"는 청원을 공표하고 제출하였다. 술탄은 그에게 두 가지 선택권을 제시하였다. 하나는 이슬람교로 개종하는 것이고, 다른 하나는 해 질 녘 쿠쉬타 안 궁전의 높은 나무에 달려 죽는 것이었다(후에 콘스탄티노플이 된 쿠쉬타는 오늘날의 이스탄불이다). 그가 무엇을 선택했을지 짐작할 수 있을 것이다.

그는 궁전을 나와 밖에서 기다리고 있는 수많은 추종자들에게 연설하였다. 그들은 오랫동안 마지막 때의 예언이 성취되기를 기다려 온 사람들이었다. 바로 메시아가 이끄는 이스라엘로 돌아가는 것이다. 그런데, 예상과는 달리 그들은 이슬람교로 개종한 '이스라엘의 메시야'를 마주하게 되었다. 그런데 참화는 거기에서 끝나지 않았다. 그것은 단지 시작일 뿐이었다. 그는 《카발라》를 교묘하게 이용하여 카발라식 원칙들(여기에서는 이것에 대한 논의를 생략하겠다)을 해석하여 유대인들이 거룩하게 여겼던 모든 것을 모독함으로 구원의 문을 통과할 수 있다고 주장했다. 놀랍게도 이것이 그들에게 통하여 다수의 유대인들이 하나님을 대적하는 가증한 일들이 구원의 길이라고 믿고 그 일들을 자행했다.

만약 그런 일은 절대 다시 일어날 수 없으며, 특히 기독교인들에게는 더욱 그럴 것이라고 생각한다면, 당신은 매우 순진한 것이다. 이것은 지금도 얼마든지 일어날 수 있는 일이다! 21세기의 위대한 철학가 중 하나인 버트런드 러셀(1872-1970)을 생각해 보라. 《회의주의자의 에세이》(Essays in Skepticism)에서 그는 "나에게 충분한 군대를 달라. 그러면 사람들이 내가 원하는 대로 믿도록 만들겠다"고 하였다. 그렇다. 오늘날 사람들의 생각을 움직이는 것은 오직 적절한 기술의 문제일 뿐이다. 당신은 매일 이것을 목격하고 있을 것이다. 마크 빌츠 목사는 이 부분에 있어서 어느 누구도 장담할 수 없다고 경고한다.

오늘날 가짜 뉴스에 의해 이런 종류의 미혹이 일어나고 있다. 이것이 바로 마크 빌츠 목사가 중시하고 있는 부분이다. 그는 불법을 합법화하는 것에 대해 말하는데, 이것이 정확하게 유대인 적그리스도였던 사바타이 체비가 유대인들에게 행했던 것이다. 그리고 조지 오웰의 책에서는 시민들을 세뇌하기 위해 다음과 같은 선전문구가 사용되었다. "전쟁은 평화, 자유는 속박, 무지는 힘!"

이것이 정확히 마크 빌츠 목사가 앞으로 올 적그리스도에 관해 우리에게 경고하는 것이다. 그동안 나는 많은 자료들을 조사했는데, 이 책이 현대 기술의 악한 측면을 '모든 것에 가장 영리한'(smartest-of-all) 적그리스도와 연결시키는 첫 책이라고 생각한다. 이 적그리스도는 생체공학적 슈퍼맨으로, 우리 모두를 속일 인공지능을 운용할 줄 아는 존재일 수 있다. 그는 참으로 잘 준비되었을 것이다. 또한 "무지는 힘"과 같은 식의 선전문구를 교묘히 다룰 줄 아는, 온갖 비밀병기로 무장한 자일 것이다.

우리의 무지가 '모든 것에 가장 영리한' 적그리스도에게 가장 유용한 무기가 될 것이다. 자신이 무엇에든 대처할 수 있을 만큼 모든 것을 잘 알고 있다고 생각하는 순진무구한 자는 가장 좋은 먹잇감이 될 것이다. 그들은 절대 제대로 대응할 수 없다!

나는 히브리어에 많이 의존하는 마크 빌츠 목사의 용감한 자세를 인정한다. 그는 독자들로부터 '추가 점수'를 얻으려는 여느 저자들처럼 히브리어를 단순히 '장식'으로 사용하지 않는다. 그는 히브리어를 하나님 말씀의 가장 명백한 권위의 근원으로 삼는다. 히브리어를 번역하는 문제와 관련해서 성경에 약점이 많은데, 마크 빌츠 목사는 성경의 중요한 구절들 이면에 담긴 핵심 의미를 해석하기 위해 히브리어 연구에 심혈을 기울였다.

나는 마크 빌츠 목사가 어린아이와 같다고 생각한다. 그가 순진하고 작아서가 아니고, 옆집 아이를 닮아서도 아니다. 그가 한스 크리스천 앤더슨의 《벌거벗은 임금님》에서 "임금님이 벌거벗었어!"라고 외치는 것을 두려워하지 않은 어린아이와 같이 이 시대에 필요한 진리를 과감하게 외치기 때문이다.

이 책의 내용 중 염려가 되는 부분이 있다면, 잠시 자신의 '낡은 진리들'을 내려놓고 그가 솔직하게 자신의 이야기를 풀어놓도록 기회를 주어 보라. 나는 그 안에 한 치의 우쭐함도 없다는 것을 확신할 수 있다. 그는 어린아이처럼 순결하면서도 연륜이 있는 성경 교사처럼 현명하다. 그가 오직 하나님의 말씀에 대한 확고한 사랑에 따라 말하고 있다는 것을 확신해도 좋다.

   나는 내가 가르치는 모든 학생에게 이 책을 필독서로 권할 것이다. 이 걸작이 얼마나 예언적인가는 시간이 증명해 줄 것이다.

   _대니 벤-지지| 전 애리조나 주립대 히브리어 프로그램 이사

서문

　인류는 세계 평화를 책임질 막강한 능력을 가진 존재를 필사적으로 찾고 있다. 모든 광기를 잠재우고 분쟁을 해결할 능력을 가진 리더를 찾는 사람도 있다. 우리가 살고 있는 시대의 흐름을 이끌기 위해 반드시 필요한 성품은 무엇일까?

　계절이 그러하듯 인류의 삶과 역사도 계속적으로 반복되고 순환한다. 근본적으로 이러한 역사의 주기는 다양한 인물과 상황에 의해 반복된다. 이 주기를 이해하면 마지막 때에 대해 많은 것을 배울 수 있는데, 이것이 바로 이 책에서 살펴볼 부분이다.

　지난 2천 년간 사람들은 누가 적그리스도이며, 그가 언제 나타날 것인가에 관심을 가지고 연구해 왔다. 많은 사람들이 적그리스도에 대해 자신들이 받은 계시적 지식을 가지고 터무니없는 주장을 하곤 했지만 그들은 늘 틀렸다. 특별히 조심하지 않으면 누구나 이런 논쟁에 휘말릴 수 있고, 미혹당할 수도 있다.

우리는 지금 처음으로 인공지능형 적그리스도가 출현할 가능성이 있는 시대에 살고 있다. 그것은 인간과 컴퓨터가 결합된 형태로, 자신을 숭배하도록 요구할 것이다. 현재 가정에서 사용하고 있는 알렉사나 시리 등과 같은 인공지능에 대해 어떻게 생각하는가? 전혀 문제가 되지 않는다고 생각하는가? 성경에서는 앞으로 거대한 미혹이 있을 것이라고 말한다. 이것에 대비하여 우리는 어떻게 해야 할까?

미혹당하지 않으려면, 적그리스도의 수법을 이해하는 것이 중요하다. 그래서 나는 다음과 같은 질문들에 답하기 위해 광범위하게 연구하여 이 책을 썼다.

- 성경은 적그리스도와 그의 책략 그리고 동기에 대해 뭐라고 말하는가?
- 적그리스도는 무슬림인가, 유대인인가, 아니면 기독교인 혹은 다른 어떤 존재인가?
- 세상을 정복하기 위해 적그리스도는 현대의 기술을 사용할 것인가?
- 성경은 적그리스도와 마지막 때에 대해 어떤 단서를 제공하는가?

나는 '우리가 어떻게 현재에 이르게 되었는가?'라는 질문에 답하기 위해 역사적 관점에서부터 시작할 것이다. 성경은 적그리스도의 영이 오랫동안 세상에 있었다고 말한다. 그것은 불법의 영이다.

그 다음에는 유일신 신앙을 가진 종교인 유대교와 이슬람교, 기독교의 마지막 때에 대한 관점을 살펴볼 것이다. 이것은 대부분의 성도가 잘 모르는 부분인데, 각각의 관점을 연구하면서 이러한 비교가 매우 중요하다는 것을 알게 되었다.

유대교에서는 메시아가 한 분이 아닌 두 분이라고 믿는다. 이것은 세례 요한의 관심사이기도 했다. 그래서 그는 예수님이 그 메시아인지, 아니면 다른 이가 오는지 물었던 것이다. 그의 믿음이 부족해서가 아니었다. 그는 단지 또 다른 메시아가 오실 것인지 궁금했을 뿐이다!

놀랍게도 이슬람교에서도 적그리스도와 땅에서 올라오는 짐승에 대하여 다룬다. 그들은 심지어 두 명의 예수가 올 것이라고 믿는데, 하나는 진짜 예수이고, 다른 하나는 가짜 예수이다.

마지막 때에 대한 기독교적 관점에서는 언제 그 일이 일어날 것인가보다는 무슨 일이 벌어질 것인가에 초점을 맞출 것이다.

이어서 대체신학의 개념과 그리스 철학의 기원을 분석할 것이다. 대체신학은 '교회'가 등장하기 백 년 전에 시작되었다. 대체신학과 그리스 철학은 마지막 때에 대한 우리의 견해에 많은 영향을 미쳤다.

또한 적그리스도와 관련해서 시리, 알렉사, 왓슨과 같은 인공지능과 첨단기술 등을 간단하게 살펴볼 것이다. 그것들은 무서운 속도로 우리의 일상에 파고들어 불과 몇 년 후의 상황이 어떻게 될 것인가에 대한 관점을 바꾸고 있다.

이후에 솔로몬이 메시아의 모형이 아니며, 실제로는 우리를 메시아로부터 멀어지게 하는 자의 표상임을 살펴볼 것이다! 아마도 이것이 적지 않은 충격으로 다가올 것이다. 하지만 나는 솔로몬의 불법과 그가 얼마나 자기중심적인 사람이었는지를 철저히 성경에 근거하여 증명할 것이다. 사실 솔로몬은 오만으로 가득 차서 하나님을 멸시한, 욕망에 사로잡힌 사람이었다.

그 다음에는 유대적 관점으로 마태복음 24장을 살펴볼 것이다. 성경은 해 아래 새 것이 없으며 과거에 일어났던 일이 다시 일어날 것이라고 말하는데, 이 말씀이 완벽하게 마태복음 24장에 적용됨을 보게 될 것이다. 우리는 실제적으로 하누카(수전절)가 다시 일어나고 있음을 발견하게 될 것이다. 그리고 다니엘서에 예언된 하누카가 매우 성경적일 뿐만 아니라 부림절이 마지막 때에 반복될 것이라는 점도 배울 것이다!

이 시대는 에스더서에 등장하는 부림절의 몇 가지 특성들을 재현하고 있다. 오늘날과 마찬가지로, 그때도 불법이 합법화된 시대였다. 마치 정부가 불법적인 것을 합법화하며 도덕적으로 전혀 문제가 되지 않는다고 말하는 것과 같다. 심지어 불법을 합법화할 수 없다면, 불법의 정의까지 바꾼다. 합법적이라는 말이 더 이상 도덕적 무게를 지니지 못하게 되는 것이다. 이 말이 왠지 익숙하게 들리지 않는가?

에스더서에는 모든 것이 "법에 따라 시행되었다"고 기록되어 있다. 하만의 모략으로 유대인을 살해하는 것이 합법화되었다. 이것이 에스더 시대에 일어났고, 현대사에서도 반복되었다. 나치의 유대인 대학살을 보라. 그들은 유대인을 열등하고 악한 민족이라고 몰아세워 죽음으로 내몰았다.

나는 이 시대의 적그리스도가 누구인지보다는 그의 특징을 알고 수

법을 파악하는 것이 더 시급하다고 느꼈다. 적그리스도가 누구인가를 제일 먼저 찾아낸다고 해서 가산점이 주어지는 것이 아니다. 그것보다는 그의 책략과 동기를 알아내는 것이 더 중요하다. 과연 언제 그의 흔적을 발견하게 될까? 미혹을 당하지 않기 위해서는 이것이 더 나은 접근 방법이다. 또한 우리는 전능하신 분의 손자국도 찾게 될 것이다.

문제는 대부분의 이방인들이 성경적 진리의 기반이 없어서 (사도 바울이 사도행전에서 언급한 것처럼) 그리스 철학에 완전히 젖어 쾌락주의나 금욕주의 철학자들을 따랐다는 것이다. 금욕주의자들에게 가장 중요한 것은 '무엇이 진리인가?'였다. 이 질문은 빌라도가 던진 것이었고, 또한 오늘날 교회에서 가장 중시하는 문제 중 하나이다. 그리스 철학의 사고방식은 지난 2천 년간 모든 서구 문명과 교회를 더럽히고 완전히 장악해 버렸다. 우리는 베드로보다는 플라톤의 사고 방식을 따른다.

그리고 여호와의 모든 절기들이 어떻게 오실 메시아의 그림자가 되었는지에 대해 살펴볼 것이다. 봄 절기들은 메시아 초림의 그림자였고, 가을 절기들은 재림의 그림자이다. 그래서 적그리스도가 누구인가보다는 메시아가 누구인가를 아는 것이 훨씬 더 중요한 것이다! 이것은 위조지폐를 감별하려면 진짜 돈에 익숙해져야 하는 것과 같은 이치이다.

왜 지금 이 책인가?

하나님은 강력한 미혹이 있을 것이라고 말씀하신다. 오늘날 기독교인들은 지나치게 휴거 날짜나 누가 적그리스도인지를 알아내려고 애쓰는 경향이 있다. 그리하여 이 모든 일이 일어날 때에 하나님 나라에 전혀 도움이 되지 않을 일을 두고 논쟁하게 된다. 그들은 이에 대한 올바른 답만이 유일한 천국행 티켓이라고 생각하는 듯하다. 그러나 나는 시기를 잘 맞추고 메시아의 재림에 준비되지 못하는 것보다는, 차라리 시기를 틀리더라도 메시아의 재림에 준비되는 것이 낫다고 생각한다!

나는 적그리스도가 마귀의 모습으로 오기보다는 빛의 전달자 또는 진리를 지닌 자로 나타날 것이라고 믿는다. 진리가 여러 개일 수 있는가? 원수는 진리를 살짝 비틀고 왜곡하는 것을 좋아한다! 그래서 미혹이 매우 강하다는 것이다. 왜냐하면 거기에도 굉장한 진리가 있기 때문이다. 마귀는 벌써 세상을 미혹하였고, 이제 진리를 더럽힘으로 이스라엘의 하나님을 믿는 자들을 찾아갈 것이다. 누가 100퍼센트 순수한 물 한 컵에 비소(독성이 강한 금속원소 – 역자 주)를 한 스푼 넣은 것을 주면 마시겠는가?

그런데 오늘날 문제는 더욱 심각하다. 사람들은 100퍼센트 비소에 순수한 물 한 스푼을 넣어 마시면서 그것이 좋다고, 절대적 진리라고 말한다! 성경은 사람들이 악을 선하다 하고, 선을 악하다 할 시대에 대해 경고했다. 우리는 완전한 불법의 시대에 살면서 날마다 이러한 불법의 공격을 받고 있다. 현대 사회는 모두가 자기만의 진리를 가질 수 있으며, 보편적 진리는 없다고 주장한다. 성경은 하나님이 시작부터 끝을 선포하셨다고 말한다. 마지막 때에 대해 알기 원한다면, 창세기에서 시작해야 한다. 거기에 모든 것이 암호화되어 있다!

물론, 사람들은 우리가 오래전부터 마지막 때를 살아왔다고 말하며, 회의론자들은 항상 멸망을 논하는 자들이 잘못되었다고 말한다. 문제는 마지막 때에 대한 정의일 수 있다. 사도 요한은 그의 첫 서신에서 자신이 마지막 때에 살고 있다고 단호하게 말했다. 그가 2천 년 전에 마지막 때를 살고 있었다면, 지금은 얼마나 더 그러하겠는가! 우리는 마지막 때의 마지막에 있는 것이다. 성경은 주님께는 하루가 천 년과 같다고 말한다. 그렇다면 하나님께는 예수님 탄생 이후 단 이틀밖에 지나지 않은 것이고, 우리는 셋째 날의 초입에 있는 것이다. 성경에 따르면 지금이 예언적으로 대단히 중요한 때이다.

출애굽기 19장에서 하나님은 모세에게 '셋째 날'을 준비하라고 말씀하신다. 그날은 사람들이 보는 앞에서 그분이 내려오시는 날이다. 호세아 선지자는 하나님께서 이스라엘에 사자와 같이 오셔서 움키고(갈기갈기 찢으시고) 떠날 것이라고 말한다(호 5:14). 이 일은 정확하게 성전이 파괴되고 이스라엘이 열방 가운데로 흩어진 AD 70년에 일어났다. 이어서 주님은 "그들이 그 죄를 뉘우치고 내 얼굴을 구하기까지 내가 내 곳으로 돌아가리라 그들이 고난 받을 때에 나를 간절히 구하리라"(호 5:15)고 말씀하신다.

그들이 회개한 뒤 예언하기를 "이틀 후에 우리를 살리실 것"(호 6:2)이라고 선포하는데, 그것은 정확하게 1948년 이스라엘이 역사의 무대에 다시 등장했을 때 일어났다. 이후 "셋째 날에 우리를 일으키시리니 우리가 그의 앞에서 살리라"는 말씀이 이어진다. 이것은 죽은 자의 부활이 일어나고, 주님이 천 년간 통치하시기 위해 이 땅의 왕이 되실 때에 대해 이야기하는 것이다. 나는 지금 우리가 이 셋째 날에 다가가고 있다고 믿는다. 참으로 놀라운 일 아닌가!

베드로는 그의 두 번째 서신에서 우리 시대에 "주께서 강림하신다는 약속이 어디 있느냐?"며 조롱하는 자들이 있을 것이라고 경고한다. 사도 요한은 그의 두 번째 서신에서 당대에 많은 적그리스도들이 있었다고 언급하였다. 그가 언급한 적그리스도들은 예수님의 육신이 실재가 아니고 실재처럼 보이는 것뿐이라고 생각하는 사람들이었다. 사도 요한은 두 번째 서신에서 다음과 같이 말한다.

> 미혹하는 자가 세상에 많이 나왔나니 이는 예수 그리스도께서 육체로 오심을 부인하는 자라 이런 자가 미혹하는 자요 적그리스도니 (요이 1:7)

요한은 예수님이 이 땅에 거하셨다는 사실을 부인하는 자가 적그리스도라고 말하지 않는다. 그는 이 땅에 거니셨던 예수님이 실제로 인간의 육체를 입은 것이 아니었다고 주장하는 자들이 적그리스도라고 말한다.

요한의 서신을 통해 적그리스도들이 수년 동안 나타났다가 사라졌다는 것을 알 수 있다. 나는 지난 2천 년 동안 수많은 적그리스도들이 있었고, 지금도 많은 적그리스도들이 이 땅에 살고 있을 것이라고 확신한다. 많은 적그리스도들이 있다는 사실은, 우리가 미혹당하지 않기 위해서는 특정한 인물을 알기보다는 적그리스도의 특성을 아는 것이 더욱 중요함을 시사한다.

이 책의 목적은 드러나고 있는 하나님의 목적에 근거하여 메시아 및 적그리스도와 관련하여 역사적으로 어떤 일이 일어났고, 지금 이 순간 우리 눈앞에서 어떤 일이 펼쳐지고 있으며, 미래에는 어떤 모습일지에 대한 큰 그림을 보여 주는 것이다. 이사야 선지자는 하나님이 모든 열방에게서 덮개를 제거하실 때가 온다고 말한다(사 25:7).

요한계시록에서 하나님은 눈이 멀었음에도 그 사실조차 깨닫지 못하는 교회에 경고하신다. 이것은 요한복음 9장에서 예수님이 눈이 멀었는데도 볼 수 있다고 주장하는 당시의 종교 지도자들에게 경고하신 것과 같다. 사도 바울은 우리가 희미한 거울을 통해 보고 부분적으로 알 뿐이라고 말한다(고전 13:12). 로마서 11장에서는 이스라엘이 부분적으로 눈이 멀었다고 하였다.

이것은 바로 창세기 48장 8-10절의 상황이다. 야곱은 두 명의 손자를 만나는데, 그의 눈이 침침하여 볼 수 없었다. 그는 이방 여인에게서 태어난 자신의 손자들을 축복하여 이스라엘에 접붙이면서 자신의 자녀들도 축복하려고 하였다. 나는 이것이 지금까지도 기독교인과 유대인이 희미한 거울을 통해 보며 부분적으로 아는 것을 말하는 것이라고 믿는다. 그들이 겸손하게 두 개의 렌즈로 볼 때, 온전한 그림을 볼 수 있을 것이다!

나는 지난 40년간 주님께 삶을 드렸고, 25년간 유대교와 기독교의 관점으로 보아 왔다. 나의 간절한 소망은 임박한 장래에 일어날 일들을 위해 하나님의 백성들을 준비시키는 것이다. 우리는 대중매체에 좌우되는 이 세대의 광기에 사로잡힐 것이 아니라, 성경적 진리에 뿌리를 내리고 터가 굳어져야 한다.

앞서 언급했듯이, 우리는 앞으로 부림절 이야기를 살펴볼 것이다. 모르드개는 에스더에게 다음과 같이 말하였다. "네가 이와 같은 때를 위해 왕국에 들어갔는지 누가 알겠느냐?"(에 4:14, 뉴킹제임스)

잠시 생각해 보자. 당신은 역사의 다른 시대에 살 수도 있었지만, 하나님께서 특별히 이때를 위해 당신을 선택하셨다. 가장 좋은 것은 항상 마지막을 위해 준비된다. 당신은 역사의 가장 위대한 예언적 시대에 살도록 선택되었다! 우리의 때를 더 잘 준비하기 위한 여정을 시작하자.

1부

이론과 신화, 오해 파헤치기

1장
역사적 관점

"우리는 역사에서 배우지 말아야 할 것을 역사를 통해 배운다"[1]라는 말이 있다. 역사는 승자에 의해 기록된다.[2] 지금도 자신의 관점으로 역사를 고쳐 쓰길 원하는 수정주의자들이 적지 않다. 누구나 삶 가운데 일어난 일들에 대한 자신의 해석을 고수하기 마련이다.

예레미야 선지자는 다음과 같이 말한다. "민족들이 땅 끝에서 주께 이르러 말하기를 우리 조상들의 계승한 바는 허망하고 거짓되고 무익한 것뿐이라"(렘 16:19). 진정한 기독교인은 개인이나 교파의 주장보다 성경의 진리를 중시한다. 반드시 성경이 우리의 기초가 되어야 한다.

어떤 책이든 그것을 이해하는 가장 좋은 방법은 그 책이 기록된 언어를 참고하는 것이다. 한 편의 문학을 히브리어에서 헬라어, 스페인어, 라틴어, 영어로 번역하면, 반드시 그 과정에서 누락되는 것이 있음을 알아야 한다. 대만에서 말씀을 전할 때, 나는 중국어 성경이 어느 성경을 번역한 것인지 물었다. 그들은 영어 성경이라고 대답했다. 중국어 성경이 본래의 의미가 살아 있는 히브리어나 헬라어 성경을 직접 번역한 것이 아니라는 사실에 나는 매우 놀랐다!

오늘날 많은 사람들이 대중매체가 편파적이라고 믿는다. 그렇다면, 번역자들도 그럴 가능성이 있지 않을까? 그들이 편파적이지 않다 할지라도 얼마든지 실수할 수 있다. 그들은 단지 사람일 뿐이고, 사람은 완벽하지 않다.

이런 점을 염두에 두고 우리의 생각에 적잖은 영향을 미치는 잘못 번역된 히브리어 단어들을 몇 가지 살펴보자. '계절'(season)이란 단어를 생각하면 무엇이 떠오르는가? '절기'(feast)라는 단어는 어떤가? 이 두 단어 모두 동일한 히브리어에서 왔다는 것을 아는가? 어떻게 봄, 여름, 가을, 겨울을 의미하는 단어가 많은 음식('feast'라는 단어에는 '잔치, 많이 먹다' 등의 뜻이 있다 - 역자 주)을 의미할 수도 있는가?

창세기 1장 14절에서 '계절들'로 번역된 단어가 레위기 23장에서는 여호와의 '절기들'로 번역되었다. 두 단어에 대한 좀 더 정확한 번역은 '정해진 때'인데, 이것은 하나님의 달력을 말한다!

이슬람교에는 오직 달을 기준으로 정해진 때(절기들)가 있다. 기독교의 달력은 로마 시대에서 유래되었고, 오늘날 기독교의 절기들은 태양력을 기준으로 한다. 또한 성서력은 해와 달 모두를 기준으로 한다. 이것이 바로 하나님께서 모세에게 이스라엘이 지킬 절기들이 해와 달 모두에 근거한다고 말씀하신 이유이다. 해와 달은 모두 하늘에 있는 하나님의 증거들이다.

하나님께는 매일의 계획이 있다. 이를테면 모세와 다윗은 성령이 그들에게 주신 모형대로 모든 것을 행해야 했다. 그들은 하나님의 달력에 따라 특정한 날과 달, 해에 특정한 행사를 거행했다. 성경에서는 모든 것을 모형에 따라 행해야 한다고 반복적으로 언급된다.

나는 하나님께서 계획해 놓으신 모형을 따르는 것이 현명하다고 믿는다! 우리는 하나님이 해 아래 새 것이 없다고 말씀하셨다는 것을 기억해야 한다. 역사는 우리 각자가 결국 하나님이 우리에게 가르치시려는 것을 이해하게 될 것이라는 희망 속에서 각기 다른 지점에서 반복될 것이다.

하나님이 정하신 각각의 절기는 이후에 올 그날과 그 시간에 예언적으로 일어날 일들의 모형이다. 요한계시록은 하나님의 어린 양이 창세로부터 죽임을 당하였다고 말하는데, 그것은 유월절이 창세 때부터 계획되었음을 의미한다! 아버지께서 어느 날 그의 아들이 죽고, 언제 그가 지나가며, 그의 장례식에 어떤 노래를 불러야 하는가를 예정하셨다는 것이다!

왜 메시아가 유월절에 죽었다고 생각하는가? 그가 왜 아침 제사 시간에 십자가에 묶이고, 저녁 제사 시간에 숨을 거두셨는가? 왜 하나님이 그로부터 천 년 전에 다윗 왕으로 하여금 시편 113-118편을 쓰게 하셔서 매년 유월절에 세 번이나 부르는 찬송곡이 되게 하셨는가?

하나님께서는 모형을 세우신다. 그것이 바로 예수님의 죽음과 부활, 승천에 관한 모든 것이 봄 절기들을 따르는 이유이다. 메시아는 유월절에 죽었고, 무교절에 장사되었으며, 초실절에 살아났고, 성령은 칠칠절(오순절)에 부어졌다. 모든 것은 모형에 따라 일어났다.

나는 동일한 방법으로 마지막 때에 대해 예언된 사건들이 가을 절기의 모형을 따라 정확한 날에 일어날 것이라고 믿는다! 그렇다고 해서 날짜를 확정하는 것은 아니다. 우리는 그 일이 언제 일어날지 모른다. 그런데 그 모형을 모르면, 그 일들이 언제, 어떻게 펼쳐질지 모를 가능성이 높다.

톱니바퀴가 빠지거나 이가 부러지면 기계가 제대로 기능할 수 없다. 같은 이치로 지난 2천 년간 교회가 잘못된 달력을 따른 결과, 우리는 더 이상 그 모형을 보지 못하게 되었다. 몇 년 전에 교회들이 유월절 한 달 전에 부활절을 지냈다는 것을 아는가? 어떻게 예수님이 죽으신 날인 유월절 한 달 전에 부활절을 지낼 수 있는가? 정확히 성경이 말하는 대로 주님의 죽음을 기념했다면, 그분의 부활 또한 올바른 때에 기념하였을 것이다!

누군가는 "그것이 무슨 차이가 있습니까?"라고 물을 것이다. 이것이 이해되지 않는다면, 배우자의 생일이나 결혼기념일을 엉뚱한 날에 축하하면 어떻게 될지 생각해 보라! 더 큰 문제는 우리가 그것을 정확히 모르고 있다는 사실조차 모른다는 것이다. 모형이 있다는 사실을 깨닫지 못하면, 제대로 알 수 없다.

유대적 사고와 그리스-로마적 사고

교회는 어떻게 성경적 모형에서 벗어나게 되었는가? 안타깝게도, 그것은 대부분 반유대주의 때문이다. 초대 교회의 교부들은 유대인들에 관한 어떤 것에도 관여하고 싶어 하지 않았다. 그들은 유대력이 성경적이라는 것을 몰랐다! 콘스탄틴 대제는 교회로 하여금 성서력에서 벗어나 이교도적인 로마력을 따르게 하였고, 그 이후 우리는 그 틀을 벗어나지 못하고 있다.

많은 사람들이 성경의 역사와 예언을 유대적 사고보다는 그리스-로마적 사고로 봐야 한다고 확신하고 있다. 그들은 예언을 여러 단계에서 반복적으로 일어나기보다는 한 번에 성취되는 사건들의 목록으로 여기는데, 이 부분은 나중에 다시 다루겠다.

초대 교회의 교부들은 그리스 철학만 알고 있었기 때문에 히브리 성경보다는 그리스 철학에 뿌리를 두었다. 이로 인해 문제는 더욱 복잡해져 유대의 몇 가지 율법이 성경의 율법과 뒤얽혔고, 결국은 목욕물과 함께 아이까지 버려지는 일이 일어났다. 유대인과 이방인들 간의 적개심은 서로가 느낄 수 있을 정도였다. 어느 그룹도 의로운 구석이 없었다.

그리스-로마적 사고와는 달리 유대적 사고에 따르면, 이전에 일어났던 일이 다시 일어난다(전 1:9). 유대적 사고는 예언이 여러 번 성취되는 것으로 믿는데, 나 또한 이것을 믿는다.

여호와의 가을 절기 중 하나인 장막절이 그 한 예이다(내가 '유대인의 절기 중 하나'라고 말하지 않은 것을 주목하라. 이것들은 하나님이 친히 정하신 특별한 만남의 시간인 여호와의 절기들이다). 나는 이 절기의 모형이 하나님이 처음 인간과 함께 거하셨던 에덴동산에 세워졌다고 믿는다. 그것은 모세가 장막을 지었을 때 성취되었고, 메시아가 태어났을 때 다시 이루어졌으며, 요한복음 7장에서 또 다시 성취되었다. 그리고 천년왕국의 통치 기간에도 이루어질 것이고, 새 하늘과 새 땅과 함께 또 다시 성취될 것이다. 각각의 때마다 다른 점들이 우리 눈에 보일 것이다.

이 책 전반에서 나는 전도서 1장 9절의 "이미 있던 것이 후에 다시 있겠고 이미 한 일을 후에 다시 할지라 해 아래에는 새 것이 없나니"라는 말씀을 상기시킬 것이다. 내가 이것에 대해 이야기할 때마다 사람들은 마치 작동에 문제가 생긴 로봇이 구석에 박혀서 헤매듯, 계속해서 자신의 머리를 벽에 부딪치고 있는 것 같다. 당신이 구석에 박힌 상태에서 벗어나 원활하게 움직일 수 있도록 이 말을 여러 번 반복할 것이다.

많은 기독교 신학자들이 모든 예언이 벌써 성취되었다고 여긴다. 그들은 두 번째 라운드와 세 번째 라운드가 있다는 것을 깨닫지 못한다. 특별히 가을 절기들을 좀 더 깊이 있게 보아야 하는데, 왜냐하면 그것들은 아직 성취되지 않은 일들의 예언적 모형이기 때문이다.

람반(나흐마니데스)으로 알려진 유명한 유대인 현자는 아버지들의 행동이 그의 자녀들에게 일어날 일의 징조라고 말했다.[3] 다시 말해서, 역사가 반복된다는 것이다. 우리는 '왜 역사가 반복되는데도 역사로부터 배우지 못하는가'를 유념하면서 새로운 관점으로 성경을 보아야 한다.

나는 유대교와 기독교 모두 희미한 거울을 보고 있으며, 부분적으로 안다고 확신한다. 중요한 것은 두 그룹 모두 전체 그림을 보기 위해 겸손하게 서로의 관점으로 보아야 한다는 것이다. 성경에 예언된 때와 시대의 마지막 징조를 이해하려면, 하나님이 세워 놓으신 모형을 이해하고 그것에 대한 선입관을 버려야 한다.

교회 안의 반유대주의가 온전히 보지 못하도록 우리의 눈을 가렸다. 우리는 종종 하나님이 나타내시려는 모형을 보는 대신 성경의 사건들을 제거하는 경향이 있다. 이에 대한 가장 대표적인 예가 바로 하누카(수전절)와 부림절이다. 둘 다 매우 성경적이며, 마지막 때에 일어날 일들의 모형이다. 하지만 그 중요성을 아는 기독교인들은 거의 없다. 그들은 그 절기들을 유대인의 행사로 치부하여 그것들의 예언적 중요성에 대해 재고조차 하지 않는다.

기독교인들은 하누카와 부림절 역시 매우 성경적인 절기라는 것을 분명히 해야 한다. 두 절기 다 성경에 언급되어 있고, 그때 일어난 일들이 매우 영적이고 예언적 중요성을 지니고 있으며, 그러한 양상은 앞으로 반복될 것이다.

부림절 이야기는 에스더서에 등장한다. 그것은 유대인들을 말살하려는 시도와 관련된 이야기이다. 그런데 이것이 현대사에서 반복되었다. 하만은 히틀러와 같다고 할 수 있는데, 이 부분에 대해서는 나중에 다시 설명하겠다.

하누카 이야기에서 안티오쿠스가 유대인들을 죽이려 했던 것은 아니었다. 그는 단지 그들 모두가 동화되길 원했다. 물론 그들이 그렇게 하지 않으면, 죽음을 피할 수는 없을 터였다. 적그리스도가 하만이나 안티오쿠스 같다고 생각되지 않는가?

우리는 마치 노아와 롯의 시대와 같이 자신이 어디쯤 있는가를 알아야 한다. 예를 들어, 120년 전의 첫 시오니스트 의회와 100년 전의 밸푸어 선언, 70년 전의 이스라엘이 역사의 무대에 다시 등장한 것과 같은 시간대의 징조, 또는 50년 전의 예루살렘 탈환, 컴퓨터와 인공지능의 등장, 그리고 우리가 살고 있는 불법적 사회와 같은 시간대 말이다.

이제 세 가지 유일신 신앙의 관점에서 마지막 때를 검토해 보자.

2장
마지막 때에 대한 유대적 견해

강의를 하기 위해 미국 전역을 비롯하여 여러 나라들을 다니다 보면, 많은 사람들이 이렇게 묻는다. "유대인들은 왜 예수님을 그들의 구세주로 믿지 않는가?" 이에 대한 답을 하기 위해 먼저 유대인들이 메시아에게 기대하는 것이 무엇인지 알아보고, 적그리스도에 관한 견해를 다루겠다.

많은 유대인들은 지금이 메시아가 도래하는 시대의 초입이라고 믿는다. 2011년 1월에 성전 연구소(Temple Institute)의 랍비 챔 리치맨을 초청하여 성도들과 함께 예루살렘 성전 재건 계획에 대한 강연을 들었다. 나는 아직도 그날 받은 성전의 청사진을 가지고 있다. 그 구조에 대한 자세한 정보는 성전 연구소 웹사이트에서 확인할 수 있다. 연구소는 성전 재건을 위한 모든 준비를 마쳤고, 이스라엘 정부가 움직이기를 기다리고 있다.

성전 운동의 대표적 인물인 랍비 예후다 글릭은 몇 년 전 테러리스트의 공격으로 목숨을 잃을 뻔했으나, 하나님의 은혜로 무사히 살아남았다. 그는 현재 리쿠드당의 일원으로 이스라엘 입법부 크네세트에서 활동하고 있다. 나는 매년 이스라엘에 순회 사역을 가는데, 한번은 그를 방문할 기회가 있었다. 사실, 그 해의 이스라엘에서의 여정은 문자 그대로 예언의 성취였다.

여기에서 잠시 워싱턴 주 타코마에 있는 엘샤다이 선교회(El Shaddai Ministries)에 대해 설명하겠다. 우리는 30여 개 국어로 예배를 드린다! 매주 너무 많은 나라 사람들이 와서, 마치 UN 축소판 같다. 천국을 맛보는 것 같은 예배는 30여 개국의 300여 도시에 생방송으로 중계된다. 매년 이스라엘에 갈 때면 여러 나라 사람들이 동참한다. 우리는 각국에서 출발하여 이스라엘의 호텔에서 만나는데, 그 순간 서로 연합되는 것을 느낀다.

2018년 봄 여정 중 우리는 크네세트에 초대를 받았다. 그날 크네세트 일원인 예후다 글릭, 투리 웨이즈를 비롯한 다수의 이스라엘 사람들과 여러 나라에서 온 사람들이 함께 성경 공부를 하였다! 이와 관련하여 다음의 구절을 보라.

끝날에 이르러는 여호와의 전의 산이 산들의 꼭대기에 굳게 서며 작은 산들 위에 뛰어나고 민족들이 그리로 몰려갈 것이라 곧 많은 이방 사람들이 가며 이르기를 오라 우리가 여호와의 산에 올라가서 야곱의 하나님의 전에 이르자 그가 그의 도를 가지고 우리에게 가르치실 것이니라 우리가 그의 길로 행하리라 하리니 이는 율법이 시온에서부터 나올 것이요 여호와의 말씀이 예루살렘에서부터 나올 것임이라 (미 4:1-2)

우리는 미가의 예언이 눈앞에서 성취되는 것을 보며 놀랐다! 성전 재건은 유대인들을 대속하는 과정에서 메시아의 도래에 큰 비중을 차지한다. 그렇지만 누가 그 성전을 세울 것인가에 대해서는 논란의 여지가 있다. 스가랴 6장을 읽어 보면, 메시아가 그 성전을 지을 것이라고 암시하는 듯하다. 그렇지만 이러한 논란에도 불구하고, 많은 사람들이 메시아가 와서 성전을 짓기까지 명령에 따르기 위해 성전을 하나 더 짓는 것은 잘못된 일이 아니며, 메시아가 오면 그의 성전을 지을 것이라고 믿는다.

스가랴 6장에서 메시아의 이름 중 하나가 "그 싹(가지 – 역자 주)"(12절)이라고 되어 있는데, 그는 제사장과 왕이 될 것이다! 이스라엘 안에서도 많은 사람들이 성전 운동이나 성전 산 위에 제3성전을 짓는 것을 반대하거나 아예 관심을 갖지 않는다. 그럼에도 모든 준비는 빠르게 진행되고 있다!

지난 25년간 유대적 사고방식을 연구하면서 특별히 마지막 때에 대한 그들의 견해는 매우 충격적이었다. 나는 특정 민족이나 소수 종족에 대한 편견이 없는 가정에서 성장하였다. 그럼에도 여전히 실제로 관계를 전혀 가져 보지 않았기 때문에 갖게 된 고정관념이 있었다. 이로 인해 어릴 때부터 무언가를 배우기 위해서는 겸손해야 한다는 것을 깨달았다.

자신이 모든 것을 다 안다고 생각한다면, 진정 눈이 먼 것이다. 그러므로 다른 사람의 관점으로 보는 것은 매우 중요하다. 그래야만 우리의 시각이 치우치지 않기 때문이다. 종종 다른 문화권에서 온 사람들과 이야기해 보면, 같은 사건에 대해서도 보는 시각이 전혀 다르다는 것을 알게 된다. 나는 예수님이 메시아이고 이 땅에 나타난 하나님의 육체적 현신이라는 것을 100퍼센트 믿는다. 그럼에도 예수님을 메시아로 믿지 않는 정통 유대인과 마지막 때에 대한 관점에 대해 이야기를 나누고 싶다.

이 장에서는 유대교에 대해 다룰 것이므로, 지금부터 예수(Jesus) 대신 예슈아(Yeshua)라는 이름을 사용하고자 한다. 왜냐하면 그것이 그분의 진짜 이름이기 때문이다. 우리는 그의 어머니가 2천 년 전 중동지역에 살았기 때문에 영어를 하지 않았다는 사실을 기억해야 한다. 당시 'J'라는 철자는 히브리어나 헬라어에 존재하지 않았고, 400년 전까지 영어에도 존재하지 않았다! 사실, 1611년의 킹제임스성경에는 메시아의 이름을 'J'로 시작하는 'Jesus'로 표기하지 않고, 'I'로 시작하는 'Iesus'로 표기하였다.

내가 말하고 싶은 것은 예수 그리스도(Jesus Christ)라는 영어 이름에 문제가 있다는 것이 아니다. 영어를 사용하는 사람에게는 그 이름이 완벽하다. 그러나 영어를 사용하지 않는 나라에서는 다르다. 그분은 마오리어로 이후 카라이티(Ihu Karaiti), 아이티어로는 예지 크리(Jezi Kri), 소말리아어로는 시이스 마시이스(Ciise Masiix), 타지키스탄어로는 이소이 마세(Isoi Maseh)로 알려져 있다. 따라서 하늘 아래 구원받을 만한 다른 이름이 없다고 말할 때, 구원받기 위해 모든 사람이 현대식 영어 이름을 알아야 한다고 말할 수는 없는 것이다.

우리가 사용하고 있는 영어 이름 또한 올바른 번역은 아니다. 그것은 그분의 실제 이름인 예슈아를 헬라어로 잘못 음역한 것을 다시 영어로 음역한 것이다. 결과적으로 우리는 '구원'이라는 그 이름의 본래 의미를 잃어버렸다. 나는 지금 성경을 근거로 '왜 다수의 유대인들이 기독교인들이 믿는 예수님을 믿지 않는지' 그 이유를 조명하려는 것뿐이다.

애굽에 노예로 팔려 간 요셉의 이야기를 기억하는가? 이야기의 끝부분에 가면, 형제들이 곡식을 구하기 위해 애굽으로 내려가 요셉과 대면하지만 그를 알아보지 못하였다. 왜 알아보지 못했을까? 왜냐하면 그가 애굽인처럼 보였고, 애굽인처럼 행동했기 때문이다! 그들은 후에 그가 자신들의 형제인 것을 알고 충격을 받았다. 한 번 생각해 보라. 아마도 요셉의 형제들뿐 아니라 애굽인들도 충격을 받았을 것이다. 왜냐하면 그들이 요셉을 애굽인으로 생각했기 때문이다! 창세기 41장 45절에서 바로는 요셉에게 '사브낫바네아'라는 애굽식 이름을 주었다. 그 이름은 다양하게 번역되었는데, 유대 자료에는 그 의미가 '비밀을 계시하는 자'라고 기록되어 있다.

요셉은 그리스도의 표상으로 여겨진다. 그들 사이에는 많은 유사점이 있는데, 내가 여기에서 말하고 싶은 것은 요셉처럼 예슈아에게도 '예수'라는 비유대적 이름이 주어졌다는 것이다. 나는 대부분의 유대인과 기독교인들이 예수님이 예슈아라는 것을 알고는 놀라게 될 날이 올 것이라고 믿는다!

몇 년 전, 아내와 나는 제2차 세계대전 당시 독일에서 어린 시절을 보낸 나이 많은 독일계 친구와 이야기를 나누었다. 대화 중 예수님이 유대인이었다고 말하자, 그녀는 그 사실을 믿지 못했다! 이로 인해 놀라는 사람들을 만날 때마다 나는 농담조로 2천 년 전 중동에서 영어를 사용하지 않았다는 사실을 언급한다. 예수님의 어머니인 미리암(마리아)은 그분을 예슈아라고 불렀을 것이며, 그 이름은 실제로 '구원'을 의미한다. 그렇다면 미리암은 모든 사람에게 와서 구원을 만나보라고 말하고 있었던 것이다! 이처럼 이름은 참으로 중요하다.

　이 장의 초점은 누가 메시아이며, 그의 본성과 성품은 어떠한가에 있다. 이것을 분명히 하지 않으면, 우리의 교리가 그분과 전혀 상관이 없게 된다. 사단조차도 하나님이 계신 것을 인정하고, 그와 관련된 사실들을 잘 알고 있다. 그러므로 온전한 이해를 위해 먼저 유대인들이 메시아와 그의 때에 대해 믿고 있는 견해를 살펴보자.

믿음에 관한 유대 자료들

　이해를 돕기 위해 유대인들이 모든 시대를 통틀어 가장 위대한 랍비라고 여기는 사람을 소개하겠다. 랍비 모세 벤 마이몬(흔히 마이모니데스 또는 람밤으로 불린다)은 1135년에 스페인에서 태어나 1204년에 이집트에서 죽었다. 그는 '유대교 믿음의 13가지 원칙'으로 알려진 글을 썼다. 그것은 유대교의 기본적인 철학적·이론적·법적 개념을 정리한 것으로, 기독교의 '사도신경'과 같다고 할 수 있다. 나는 그가 말하는 13가지 원칙 중 다음의 두 가지를 강조하고 싶다.

- 유대교에는 죽은 자의 부활에 대한 본질적인 믿음이 있다.
- 유대교에는 메시아와 메시아 시대의 도래에 대한 기본적인 믿음이 있다.

사실, 대부분의 유대인들이 하루에 세 번 하는 기도는 이 믿음을 확인하는 것이다. 다시 정리하면, 마지막 때의 사건들에 대해 유대인들은 세계 평화를 선도할 메시아의 도래와 죽은 자의 부활을 분명히 믿는다.

마이모니데스가 꼽은 유대교 믿음의 13가지 원칙은 다음과 같다.[1)]

- 존재의 모든 면에서 완벽하며 모든 피조물의 근원인 창조주의 존재에 대한 믿음
- 하나님의 절대적이고 비할 데 없는 유일성에 대한 믿음
- 하나님이 육신의 몸을 갖지 않으며, 물리적인 사건들에 영향을 받지 않을 것이라는 믿음
- 하나님의 영원성에 대한 믿음
- 이방신들이나 거짓 신들이 아닌, 오직 하나님만을 예배하라는 명령
- 하나님이 예언을 통해 소통하신다는 믿음
- 우리의 선생인 모세의 예언을 최상위로 놓는다는 믿음
- 거룩한 토라의 근원에 대한 믿음

- 토라의 불변성에 대한 믿음

- 하나님의 전지(全知)하심과 섭리에 대한 믿음

- 하늘의 보상과 징벌에 대한 믿음

- 메시아와 메시아 시대의 도래에 대한 믿음

- 죽은 자의 부활에 대한 믿음

마이모니데스는 또한 1170-1180년에 《미슈네 토라》(Mishneh Torah)로 알려진 작품도 썼는데, 모든 유대교 준수 사항들을 요약한 것이다. 그중 '왕들에 관한 법률'에 대해 쓴 11장에서 그는 메시아가 몇 가지 매우 구체적인 임무를 완수할 것이라고 말한다. 먼저 그는 성전을 지을 것이고, 그 다음 흩어진 이스라엘 백성을 모을 것이다. 이어서 토라(구약의 모세오경 - 역자 주)의 모든 법률이 재정립될 것인데, 그것은 제사 제도와 안식년, 그리고 희년을 포함한다.2) 물론 그 왕은 다윗의 후손이어야 한다. 그가 하나님의 전쟁을 성공적으로 하게 되면, 마쉬아흐(Mashiach, 메시아)로 간주될 것이다!

이러한 기본적인 이해를 가지고, 이제 그들이 증거로 사용하는 성경의 내용을 살피며 더 깊이 들어가 보자. 성경을 제대로 이해하기 위해서는 그것이 쓰인 대상(유대인)의 눈으로 그들의 문화와 언어, 관습의 맥락에서 그 내용을 보아야 한다. 문화에 대한 이해와 2,000-3,000년 전 이스라엘에서 일어난 일들의 맥락을 바탕으로 성경을 읽는 것은 매우 중요하다.

메시아 정의하기

우리가 하고자 하는 말은 믿는 바를 뒷받침하는 근거에 의해 정의된다. 그 말의 뜻이 서로 간에 다리를 놓기도 하고, 때로 방해물이 되기도 한다. 다른 나라 사람은 고사하고, 동일한 문화권에서도 똑같은 말이 사람에 따라 다른 의미로 들릴 수 있다. 예를 들어 '축구'(football)라는 단어가 유럽과 대부분의 나라에서는 일반 축구를 말하지만, 미국에서는 아니다. 또한 시대에 따라 동일한 문화 안에서도 말의 의미가 바뀌기도 한다. 예를 들어, 지금은 동성애와 관련해서 쓰이는 'being gay'라는 말이 한때 '행복하다'는 의미였다.3) 이러한 이유 때문에 이야기를 시작하기에 앞서 먼저 '메시아'(messiah)라는 단어의 정의를 내리고자 한다.

이 단어는 히브리어 '마시아흐'(mashiah)에서 온 것으로, '기름부음을 받다'라는 의미이다. '크리스토스'(Christos)는 히브리어 '마시아흐'를 헬라어로 번역한 것으로, 영어의 '메시아'(messiah)라는 단어가 되었다. 헬라어 '크리스토스'는 '기름부음을 받다'라는 의미이며, 여기에서 영어의 '그리스도'(Christ)라는 단어가 나왔다. 그리스도는 예수님의 성이 아니다! 따라서 '예수 그리스도'라는 말은 '예수가 메시아이다' 혹은 '예수가 기름부음을 받은 자이다'라는 의미이다.

유대교에서 메시아는 기름부음 받은 사람을 말한다. 성경에서는 선지자(왕상 19:16), 제사장(출 28:41), 왕(삼상 15:1)이 기름부음을 받았다. 제사장과 왕은 선지자가 될 수 있으나 제사장은 왕이 될 수 없었고, 왕 또한 제사장이 될 수 없었다. 적어도 메시아가 오기 전까지는 그렇다.

유대교에서는 두 명의 메시아가 있다고 가르친다. 한 명은 고통받는 종이고, 다른 한 명은 정복하는 왕이다. 이것은 두 개의 성구를 조화하기 위한 시도에서 비롯된 것이다. 하나는 메시아적 왕이 겸손하게 나귀를 타고 오실 것을 암시한 스가랴서이고, 다른 하나는 왕이신 메시아가 하늘 구름을 타고 능력 가운데 오실 것을 암시한 다니엘서이다!

유대인들은 이스라엘뿐만 아니라 전 세계를 통치할 자비로운 왕인 메시아를 찾고 있다. 그는 다윗에게 예루살렘에서 왕좌에 앉을 아들이 끊어지지 않을 것이라고 한 성경의 약속을 모두 성취할 것이다. 시편 89편 35-37절에서 하나님은 자신의 거룩함으로 다윗에게 거짓말을 하지 않으실 것이고, 그의 씨가 영원히 있을 것이며, 그의 보좌가 해와 달처럼 영원할 것이라고 하신다.

유대 신학에 의하면, 왕이신 메시아는 하나님이 아닌 인간이므로 분명 신성을 지닌 인간은 아닐 것이다. 하나님께서 이스라엘에게 보내실 메시아는 그들을 원수로부터 건져내고, 하나님의 모든 명령에 순종할 것이다. 그는 모든 나라에 토라를 가르치고 명령을 내릴 것이다. 이것이 메시아의 통치 기간에 전 세계가 물이 바다를 덮음같이 여호와의 영광을 아는 지식으로 가득 찰 것이라고 말하는 이유이다.

유대인들은 메시아가 이스라엘 최고의 왕이 될 것이라고 믿는다. 그분은 하나님의 율법을 신실하게 따를 것이므로 과거의 왕들처럼 그의 역할을 감당하는 데 실패하지 않을 것이다. 이스라엘의 왕인 메시아는 성경의 모든 명령을 준수하고 유대인의 율법에 맞는 유대인 왕으로서 자신의 임무를 성취할 것이다.

신명기 17장에서는 이스라엘의 왕이 유대인이어야 한다고 명시한다. 이방인이 이스라엘을 다스리게 할 수는 없었다. 왕은 자신을 위해 말이나 아내, 은이나 금을 쌓아 둘 수 없었다. 그는 개인적으로 토라를 기록하여 매일 하나님의 법규를 배우고, 신실하게 토라의 모든 말을 지켜야 했다. 이를 통해 그의 마음을 낮춰 자신이 다른 모든 사람보다 낫다는 생각을 하지 말아야 했다. 그는 절대로 자신을 율법이나 토라보다 높일 수 없었다. 모든 정치 지도자들이 자신이 법보다 높지 않다고 생각한다면 좋지 않겠는가?

또한 왕은 이방 민족들과 언약을 맺어서는 안 되었다. 여기에는 이방 여인과 결혼하는 것도 포함된다. 그는 모든 이교도 제단과 우상들을 무너뜨려야 했는데, 유대인이 거룩한 땅에서 거룩한 백성이 되어야 했기 때문이다.

BC 2세기경부터 AD 2세기경까지, 유대인들 가운데 종말론적 열정이 있었다. 성전이 무너진 이후, 많은 사람들이 다니엘의 예언대로 로마가 멸망당할 것이라고 믿었다. 또한 메시아로 여겨지는 사람들이 여럿 나타났다.

역사적으로 유대인들은 몇 명의 인물을 메시아로 믿었는데, 그중 가장 대표적인 인물이 2세기의 시몬 바르 코크바와 지난 세기의 므나헴 멘델 슈니어슨이다. 시몬 바르 코크바가 메시아라는 주장을 믿지 않는 유대인들이 있었던 반면, 므나헴 멘델 슈니어슨은 자신이 메시아라는 주장을 거부했다. 그는 1994년에 죽었는데, 지금도 그가 어느 날인가 부활하여 메시아가 될 것이라고 믿는 카바드(Chabad, 정통 유대 하시딤 운동) 멤버들이 있다.

두 명의 메시아

대부분의 경우, 유대 종말론은 거의 동시대에 두 명의 메시아가 올 것으로 본다. 하나는 요셉의 아들 메시아로 알려진 고통받는 종이고, 다른 하나는 다윗의 아들 메시아로 알려진 정복하는 왕이다. 여호와께서 예루살렘을 대적하는 모든 자를 멸하실 때(슥 12장), 요셉의 아들 메시아가 먼저 와서 전쟁에서 죽임을 당할 것이다. 그리고 다윗의 아들 메시아가 일어나서 그의 보좌가 영원히 서게 될 예루살렘에서 온 세계를 통치할 것이다.

요셉의 아들 메시아

그는 스가랴 12장 7-10절에서 언급된 자로, 예루살렘의 주민들이 "그 찌른 바 그를 바라보고 그를 위하여 애통하기를 독자를 위하여 애통하듯 하며 그를 위하여 통곡하기를 장자를 위하여 통곡하듯 하리로다"라고 기록되어 있다.[4] 그의 죽음 후에 이스라엘에는 큰 환난이 올 것이다. 다윗의 아들 메시아는 요셉의 아들 메시아의 뒤를 이어 민족들을 정복하여 메시아 왕국을 이루어 영원한 평안으로 인도할 것이다.

앞서 언급했듯이, 두 명의 메시아 개념은 서로 다른 특징을 지닌 성경에서 비롯되었다. 다니엘 7장 13-14절은 위대한 승리와 함께 구름 타고 오셔서 온전한 통치를 하며 모든 민족이 섬기는 인자에 대해 말한다. 그런데 스가랴 9장 9절은 나귀 타고 오시는 겸손한 왕에 대해 말한다. 그렇다면 어느 쪽이 맞는 것인가? 두 명의 메시아 개념은 이러한 두 가지 특징을 조화시키기 위한 시도였을 것이다.

또 다른 의견은 이스라엘에게 메시아가 어떻게 오실 것인가에 대한 두 가지 선택권이 주어졌다는 것이다. 그들이 메시아를 받아들일 자격이 된다면 메시아가 정복하는 왕으로 올 것이고, 그렇지 않다면 메시아가 나귀를 탄 겸손한 모습으로 올 것이다.

야곱이 이스라엘의 족장들을 축복하는 장면에서 그는 어떻게 활 쏘는 자가 요셉을 학대하며 적개심을 가지고 그를 쏘았는지를 묘사한다(창 49:22-26). 그러면서 얼마나 풍성한 축복이 요셉의 머리에 임할 것인가로 결론을 맺고 있다. "요셉의 머리로 돌아오며 그 형제 중 뛰어난 자의 정수리(crown, 관)로 돌아오리로다"(26절). 이것은 메시아의 관(crown)을 말한다.

오바댜 18절은 요셉 족속은 불꽃이 되고, 에서 족속은 지푸라기가 될 것이라고 말한다. 불꽃이 에서에게 붙어 그를 불사르고 남은 자가 하나도 없을 것이다. 유대교에서는 에서를 기독교를 지칭하는 부정적인 암호로 사용했다. 로마는 이스라엘을 맹렬하게 미워하여 오랜 기간 그들을 핍박하고 그들의 성전을 파괴했다. 로마로부터 로마 가톨릭이 나왔고, 로마 가톨릭으로부터 개신교가 나왔기 때문에 유대인들은 기독교를 에서 족속으로 본다.

야곱(이스라엘)과 그를 죽이려 했던 에서 사이에는 항상 치열한 갈등이 있었다. 교회는 자신을 이스라엘의 형제로 여긴다. 그런 의미에서 유대인들의 눈에는 교회가 이스라엘의 형제라고 하면서 항상 자신의 형제를 대체하거나 죽이려 했던 에서로 보인다는 것이다.

창세기 33장 4절에서 에서가 야곱과 화해할 때, 야곱을 안고 그의 목에 입을 맞추며 울었다고 묘사되어 있다. 그런데 영어 성경은 모든 히브리어 토라 두루마리에서 발견되는 놀라운 사실을 놓치고 있다. 여기서 '입 맞추다'(kiss)에 해당하는 히브리어 위에 다이아몬드 점이 찍혀 있는데, 유대인 주석가들은 그 표시가 왜 그곳에 있는지 항상 궁금해했다. 후에 랍비 해석가들은 그것이 에서가 야곱의 목을 물었을 때 남은 이빨 자국을 나타내는 것이라고 하였다! 즉 그것이 위선적 입맞춤과 포옹이었다는 것이다.5)

더 나아가기 전에, 나는 이사야 53장 해석과 관련하여 그것이 이스라엘의 의로운 자, 메시아 혹은 모세 또는 다른 사람들이라고 언급하는 초기 유대 자료와 학술적 논쟁이 있다는 것을 인정한다. 시간이 지나면서 그 내용은 전통적 유대인들 사이에서도 이스라엘 전체나 그 안의 의로운 자들을 언급하는 것으로 해석되었다. 그들의 생각은 이해하지만, 나는 신학적으로 어떻게 유대인이 그들의 메시아가 될 수 있는지 모르겠다. 성경은 "그가 살아 있는 자들의 땅에서 끊어짐은 마땅히 형벌 받을 내 백성의 허물 때문이라"(8절)고 말한다. 불법을 행하는 자가 똑같이 불법을 행하는 자들을 대속할 수는 없다.

또한 탈무드로 불리는 5-6세기경의 유대 저술집이 있는데, 그것은 유대교의 종교적 권위의 토대가 되었다. 탈무드의 산헤드린 98b로 알려진 부분에서 "메시아의 이름은 무엇인가"라는 질문에 랍비가 '나병 학쟈'라고 답하면서 이사야 53장 4절을 인용한다. "그는 실로 우리의 질고를 지고 우리의 슬픔을 당하였거늘."

레위기 13장 59절에서는 '나병 재앙'에 대해 말하는데, 여기서 '재앙'(plague)을 의미하는 히브리어는 이사야 53장 4절의 '고난을 당한다'(stricken)에 사용된 히브리어와 동일하다. 그들은 메시아를 단순히 고통받는 종이라고 보았다.

다윗의 아들 메시아

대부분의 경우, 이스라엘 사람들은 메시아가 유다 족속 중에서 온다고 믿었다. 이것은 야곱이 그의 열두 아들에게 축복하는 창세기 49장 10절의 예언에 근거한 것이다. 야곱은 실로가 오실 때까지 통치자의 지팡이가 유다를 떠나지 않을 것이라고 말하는데, 여기서 실로는 메시아를 말한다. 그는 백성이 그에게 복종할 것이라고 하였다.

시편 89편 3-4절에서는 하나님이 특별히 다윗의 왕위를 대대에 세우실 것이라고 말씀하신다. 이것이 왕이신 메시아가 왜 유다 족속, 더 구체적으로 말해서 다윗의 혈통에서 와야 하는가에 대한 근거이다. 유대교에서 정복하는 메시아는 다윗의 아들 메시아로 알려져 있다.

예레미야 33장 14-18절은 하나님이 이스라엘에게 약속을 이행하실 것이며, 유다가 구원받고 예루살렘이 안전히 거할 날이 온다고 말한다. 이 구절은 다윗의 왕좌에 앉을 후손이 끊이지 않을 것에 대한 약속을 반복하여 강조한다.

정리하면 고통받는 종인 요셉의 아들 메시아가 있고, 유다 족속 중에서 다윗의 아들 메시아가 올 것인데, 그는 용사이자 왕으로서 민족들을 종속시키고 철장으로 다스릴 것이다.

메시아가 언제 올 것인가?

메시아가 언제 올 것인가에 대해서는 유대교 안에서도 다양한 견해가 있다. 탈무드의 산헤드린 소책자 98a-99a에는 오실 메시아에 대해 언급하는 내용이 있다.

이스라엘 사람들은 하나님께서 메시아가 오실 날짜를 정해 놓으신 반면, 니느웨의 회개가 심판을 늦춘 것처럼 사람들의 행위가 그 시기에 영향을 끼칠 수 있다고 믿는다. 그들은 사회가 완전히 부패하여 메시아를 가장 필요로 하는 때나 세상이 너무 선해서 메시아를 받아들일 만할 때에 그가 오실 것이라고 가르친다. 그들이 메시아를 맞을 자격이 있다고 생각하는 몇 가지 예들은 다음과 같다.

- 이스라엘 전체가 한날에 회개할 경우
- 이스라엘이 동시에 안식일을 잘 지킬 경우
- 이스라엘이 두 차례 연달아 안식일을 지킬 경우
- 한 세대가 온전히 순결하거나 무죄할 경우
- 한 세대가 모든 소망을 잃을 경우

• 한 세대의 자녀들이 부모를 완전히 무시할 경우

메시아에 대한 1세기의 기대감

이스라엘이 메시아를 갈망했던 2천 년 전으로 돌아가 보자. 그때는 예슈아가 살아 계셨던 때였다. 그 당시 유대교가 신약을 성서로 받아들이지 않았으므로, 여기에서는 신약을 역사적 관점에서만 보자.

시므온은 메시아를 기다리고 있었고, 안나는 자신이 메시아의 시대에 살게 될 것을 알았다(눅 2:25-27, 36-38). 성경은 안나가 예루살렘의 속량을 바라고 있었다고 말한다.

당시 많은 사람들이 메시아의 시대에 살게 될 것에 대한 기대감이 컸던 것 같다. 그 이유 중 하나는 다니엘의 환상과 메시아가 오기까지의 과정에 있다. 다니엘은 예루살렘과 성전의 파괴 전에 메시아가 올 것이라고 예언하였다(단 9:25-27). 그는 또한 메시아가 오기 전에 있을 여러 왕국들과 관련한 느부갓네살 왕의 꿈을 해석하였다(단 2:38-45). 다니엘 7장과 8장은 느부갓네살 왕이 본 환상에 대한 다른 해석을 담고 있다.

이러한 환상들을 하나로 묶으면, 바벨론 왕국이 금으로 된 머리인 것을 알 수 있다. 그리고 이어서 메대와 바사가 통치하게 될 것이다. 메대와 바사 후에는 그리스 왕국과 로마 제국이 올 것이다. 자, 이것을 생각해 보라. 이 예언의 대부분은 역사적으로 예슈아 당대에 이루어졌고, 그들은 이 예언대로 로마의 통치 아래 살고 있었다! 그들은 돌이 나와서 환상에 나온 형상들을 멸하고 하나님이 메시아 왕국을 세우시는 것에 대해 준비되어 있었다!

성경에 따라 메시아가 성취할 것에 대한 유대인들의 기대감을 살펴보자. 오늘날 기독교인들이 마지막 때에 대해 이야기하길 좋아하듯이, 그 당시 유대인들도 기대감으로 충만했다. 신약에는 누가 메시아인가에 대해 대화하는 장면들이 종종 등장한다. 어떤 사람은 그가 애굽에서 온다고 하고, 다른 사람은 그가 베들레헴에서 태어난다고 말하며, 또 다른 사람은 그가 나사렛 사람이라 불릴 것이기 때문에 나사렛에서 올 것이라고 말한다. 그들은 자신들이 모두 맞았다는 것을 몰랐다!

요한복음에 보면, 몇몇 제사장들과 레위인들이 요한에게 와서 그가 누구인지 물었다. 그들은 요한이 그들이 기다리는 메시아인지 알고 싶어 했다. 요한은 자신이 메시아가 아니라고 했다. 그러자 그들은 요한이 말라기 4장에 언급된 메시아의 길을 예비하는 엘리야인지 물었다. 요한이 엘리야도 아니라고 하자, 그들의 다음 질문은 "당신은 선지자입니까?"였다. 그들은 요한이 모세가 언급한 사람인지 물은 것이다.

> 유대인들이 예루살렘에서 제사장들과 레위인들을 요한에게 보내어 네가 누구냐 물을 때에 요한의 증언이 이러하니라 요한이 드러내어 말하고 숨기지 아니하니 드러내어 하는 말이 나는 그리스도가 아니라 한대 또 묻

되 그러면 누구냐 네가 엘리야냐 이르되 나는 아니라 또 묻되 네가 그 선지자냐 대답하되 아니라 또 말하되 누구냐 (요 1:19-22)

이 구절은 그 당시 메시아에 대한 이해에 따라, 마지막 때에 역할을 감당할 자들에 대한 유대적 견해와 관련하여 놀라운 통찰을 제공한다. 마태복음 11장에서 요한이 감옥에 있을 때, 그의 두 제자를 예슈아에게 보내어 그가 메시아인지 아니면 다른 사람을 기다려야 할지 물었던 것을 기억하는가? 어떤 사람들은 요한이 믿음을 잃었다고 생각하는데, 그는 실제로 "당신은 고통받는 종 메시아인가, 아니면 정복하는 왕 메시아인가?"라고 물었던 것이다.

유대인들에게는 메시아 시대가 '올람 하바'(다가올 세상)로 알려져 있다. 그때는 우주적 평안의 때로, 모든 사람이 개종을 강요받지 않고도 메시아가 누구인지 인정하게 될 것이다. 왜냐하면 하박국 2장 14절에서 물이 바다를 덮음같이 여호와를 아는 지식이 세상을 덮을 것이라고 말하기 때문이다. 또한 열왕기상 8장에서 솔로몬은 성전을 봉헌하면서 모든 사람이 자유롭게 예루살렘에 와서 여호와의 이름을 부르기를 기도하였다. 그렇게 되면 사람들에게 개종하라고 억지로 강요할 필요가 없을 것이다. 의로운 이방인들(비유대인들)도 '다가올 세상'에서 한자리를 차지하게 될 것이다.

탈무드에서 "유대인들은 메시아 시대에 개종자들을 받지 않을 것이다"[6]라고 언급하였는데, 이 부분이 매우 흥미롭다. 그들은 개종하고자 하는 마음의 동기가 오직 진리를 사랑하는 마음과 유대인들과 같이 되기를 원하는 진실한 갈망에 의한 것이어야 한다고 말한다. 또한 메시아 시대에는 진리에 대한 갈망이 아닌 이익을 위해 유대인이 되기 원하는 사람들이 있을 것이고, 그런 순수하지 않은 개종은 받아들여지지 않을 것이라고 말한다.

에스더 8장에서 하만이 몰락하고 모르드개가 왕의 인정을 받자, 이방인 중에 유대인이 두려워 유대인이 되려고 하는 자가 많았다. 우리는 순수한 동기로 이스라엘과 유대인들을 후원해야 한다. 많은 유대인들이 오늘날 이스라엘을 위한 기독교의 후원과 관련하여 특히 자주 인용되는 '이스라엘을 축복하면 복을 받는다'(창 12:3)는 말을 들을 때, 그들의 동기를 궁금해할 것이다.

왕 메시아에 대한 성경의 요구사항

유대인들이 메시아를 묘사하기 위해 어떤 말씀을 사용하고, 그를 통해 어떤 것들이 성취될 것인지 알아보자.

- 메시아는 군사적 지도자일 것이다.

스가랴 14장 3-4절에는 다음과 같이 기록되어 있다. "그 때에 여호와께서 나가사 그 이방 나라들을 치시되 이왕의 전쟁 날에 싸운 것 같이 하시리라 그 날에 그의 발이 예루살렘 앞 곧 동쪽 감람산에 서실 것이요 감람산은 그 한 가운데가 동서로 갈라져 매우 큰 골짜기가 되어서 산 절반은 북으로, 절반은 남으로 옮기고."

계속해서 9절에는 "여호와께서 천하의 왕이 되시리니 그 날에는 여호와께서 홀로 한 분이실 것이요 그의 이름이 홀로 하나이실 것이라"고 기록되어 있다. 우리는 아직 그 일이 일어나지 않았다는 것을 잘 알고 있다!

- 메시아는 이스라엘과 유다의 추방당한 자들을 그들의 땅으로 모은다.

이사야 11장 12절에 의하면, 메시아는 모든 유대인 포로들을 전 세계에서 모을 것이다. "여호와께서 열방을 향하여 기치를 세우시고 이스라엘의 쫓긴 자들을 모으시며 땅 사방에서 유다의 흩어진 자들을 모으시리니." 이 개념은 예레미야 30장에서 반복된다.

이스라엘의 하나님 여호와께서 이와 같이 말씀하여 이르시기를 내가 네게 일러 준 모든 말을 책에 기록하라 여호와의 말씀이니라 보라 내가 내 백성 이스라엘과 유다의 포로를 돌아가게 할 날이 오리니 내가 그들을 그 조상들에게 준 땅으로 돌아오게 할 것이니 그들이 그 땅을 차지하리라 여호와께서 말씀하시니라 여호와께서 이스라엘과 유다에 대하여 하신 말씀이 이러하니라 여호와께서 이와 같이 말씀하시되 우리가 무서워 떠는 자의 소리를 들으니 두려움이요 평안함이 아니로다 너희는 자식을 해산하는 남자가 있는가 물어보라 어찌하여 모든 남자가 해산하는 여자 같이 손을 자기 허리에 대고 모든 얼굴이 겁에 질려 새파래졌는가 슬프다 그 날이여 그와 같이 엄청난 날이 없으리라 그 날은 야곱의 환난의 때가 됨이

로다 그러나 그가 환난에서 구하여 냄을 얻으리로다 (렘 30:2-7)

- **메시아는 이스라엘 백성들을 속량하여 그들의 재물을 되찾고, 그들은 모두 의롭게 될 것이다.**

내가 그 때에 너희를 이끌고 그 때에 너희를 모을지라 내가 너희 목전에서 너희의 사로잡힘을 돌이킬 때에 너희에게 천하 만민 가운데서 명성과 칭찬을 얻게 하리라 여호와의 말이니라 (습 3:20)

또한 스가랴 14장 14절에서는 "유다도 예루살렘에서 싸우리니 이 때에 사방에 있는 이방 나라들의 보화 곧 금은과 의복이 심히 많이 모여질 것이요"라고 말한다. 이사야 60장은 예루살렘 성문이 항상 열려 주야로 닫히지 않을 것인데, 이는 이방 나라들이 재물들을 가져오기 때문이라고 말한다. 이스라엘을 섬기지 않는 모든 나라는 멸망할 것이며, 유대인을 핍박하고 경시하는 모든 자는 그들에게 절하게 될 것이다. 예루살렘은 여호와의 성읍으로 불리게 될 것이다. 이것은 상상을 초월하는 일이다!

- **메시아는 여호와의 절기들을 재정립할 것이다.**

예루살렘을 치러 왔던 이방 나라들 중에 남은 자가 해마다 올라와서 그 왕 만군의 여호와께 경배하며 초막절을 지킬 것이라 땅에 있는 족속들

중에 그 왕 만군의 여호와께 경배하러 예루살렘에 올라오지 아니하는 자들에게는 비를 내리지 아니하실 것인즉 (슥 14:16-17)

이 본문은 전혀 새로운 세상을 말하고 있다! 모든 나라가 가뭄이나 재앙을 당하지 않기 위해 초막절을 지키러 예루살렘에 대표단을 보내는 것을 상상할 수 있는가? 아마겟돈 전쟁 이후 살아남은 자들이 있을 것이고, 그들은 매년 메시아가 지은 예루살렘 성전에 와야 할 것이다. 이 말씀대로 유대인들은 위대한 군사 지도자로서 전 세계를 정복하고 열방에 하나님의 토라를 가르칠 유대인 메시아를 기다리고 있다.

- 예루살렘이 세계의 수도가 될 때, 토라는 그 명예를 회복하고 모든 나라에게 가르쳐질 것이다.

끝날에 이르러는 여호와의 전의 산이 산들의 꼭대기에 굳게 서며 작은 산들 위에 뛰어나고 민족들이 그리로 몰려갈 것이라 곧 많은 이방 사람들이 가며 이르기를 오라 우리가 여호와의 산에 올라가서 야곱의 하나님의 전에 이르자 그가 그의 도를 가지고 우리에게 가르치실 것이니라 우리가 그의 길로 행하리라 하리니 이는 율법이 시온에서부터 나올 것이요 여호와의 말씀이 예루살렘에서부터 나올 것임이라 (미 4:1-2)

모든 나라 사람들이 이스라엘의 수도이자 전 세계의 수도인 예루살렘에 올 것이며, 토라가 존귀하게 되고 모든 나라들에게 가르쳐질 것이다.

> 너희 못 듣는 자들아 들으라 너희 맹인들아 밝히 보라 맹인이 누구냐 내 종이 아니냐 누가 내가 보내는 내 사자 같이 못 듣는 자겠느냐 누가 내 게 충성된 자 같이 맹인이겠느냐 누가 여호와의 종 같이 맹인이겠느냐 네 가 많은 것을 볼지라도 유의하지 아니하며 귀가 열려 있을지라도 듣지 아 니하는도다 여호와께서 그의 의로 말미암아 기쁨으로 교훈을 크게 하며 존귀하게 하려 하셨으나 이 백성이 도둑맞으며 탈취를 당하며 다 굴 속 에 잡히며 옥에 갇히도다 노략을 당하되 구할 자가 없고 탈취를 당하되 되돌려 주라 말할 자가 없도다 너희 중에 누가 이 일에 귀를 기울이겠느 냐 누가 뒤에 올 일을 삼가 듣겠느냐 야곱이 탈취를 당하게 하신 자가 누 구냐 이스라엘을 약탈자들에게 넘기신 자가 누구냐 여호와가 아니시냐 우리가 그에게 범죄하였도다 그들이 그의 길로 다니기를 원하지 아니하 며 그의 교훈을 순종하지 아니하였도다 (사 42:18-24)

하나님께서 영적으로 눈과 귀가 멀었다고 말하는 사람들은 이방인들이 아니라 율법을 듣고 순종하지 않는 그분의 백성이다. "누가 뒤에 올 일(때)을 삼가 듣겠느냐"라는 구절에서 '뒤에 올 일(때)'은 마지막 세대를 말한다! 그때에 토라가 존귀하게 될 것이다. 그럼에도 여호와의 법 안에서 살지 않는 자들은 노략과 탈취를 당할 것이다. 시편 138편 2절은 하나님께서 주의 말씀을 주의 모든 이름보다 높이셨다고 말한다! 만약 그분이 자신의 말씀을 대적한다면, 그것은 단연코 그분의 이름을 더럽히는 것이다.

- 메시아가 친히 성전을 세우고 예루살렘에서 제사장 겸 왕이 되신다.

말하여 이르기를 만군의 여호와께서 이같이 말씀하시되 보라 싹이라 이름하는 사람이 자기 곳에서 돋아나서 여호와의 전을 건축하리라 그가 여호와의 전을 건축하고 영광도 얻고 그 자리에 앉아서 다스릴 것이요 또 제사장이 자기 자리에 있으리니 이 둘 사이에 평화의 의논이 있으리라 하셨다 하고 (슥 6:12-13)

우리는 제사장 겸 왕이신 메시아를 보고 있다! 에스겔서의 다음 구절을 보라.

여호와의 영광이 동문을 통하여 성전으로 들어가고 영이 나를 들어 데리고 안뜰에 들어가시기로 내가 보니 여호와의 영광이 성전에 가득하더라 성전에서 내게 하는 말을 내가 듣고 있을 때에 어떤 사람이 내 곁에 서 있더라 그가 내게 이르시되 인자야 이는 내 보좌의 처소, 내 발을 두는 처소, 내가 이스라엘 족속 가운데에 영원히 있을 곳이라 이스라엘 족속 곧 그들과 그들의 왕들이 음행하며 그 죽은 왕들의 시체로 다시는 내 거룩한 이름을 더럽히지 아니하리라 (겔 43:4-7)

- 이스라엘 땅에 초자연적 평안이 있을 것이다.

이사야 11장 6절과 9절에 따르면, 예루살렘에는 평안만 있을 것이다. "그 때에 이리가 어린 양과 함께 살며 표범이 어린 염소와 함께 누우며 송아지와 어린 사자와 살진 짐승이 함께 있어 어린 아이에게 끌리며 … 이는 물이 바다를 덮음 같이 여호와를 아는 지식이 세상에 충만할 것임이니라."

스바냐서에도 다음과 같이 기록되어 있다.

이스라엘의 남은 자는 악을 행하지 아니하며 거짓을 말하지 아니하며 입에 거짓된 혀가 없으며 먹고 누울지라도 그들을 두렵게 할 자가 없으리라 (습 3:13)

- 타국인이나 이방인들도 이스라엘 땅에서 살며 기업을 얻게 될 것이다.

그런즉 너희가 이스라엘 모든 지파대로 이 땅을 나누어 차지하라 너희는 이 땅을 나누되 제비 뽑아 너희와 너희 가운데에 머물러 사는 타국인 곧 너희 가운데에서 자녀를 낳은 자의 기업이 되게 할지니 너희는 그 타국인을 본토에서 난 이스라엘 족속 같이 여기고 그들도 이스라엘 지파 중에서 너희와 함께 기업을 얻게 하되 타국인이 머물러 사는 그 지파에서 그 기업을 줄지니라 주 여호와의 말씀이니라 (겔 47:21-23)

에스겔 48장에서는 예루살렘 성전의 문들이 이스라엘 족속의 이름을 따라 불리게 될 것이라고 말한다. 유대인들은 새 언약을 강하게 믿고 있다! 우리는 그것을 예레미야 31장 31절에서 볼 수 있다. "여호와의 말씀이니라 보라 날이 이르리니 내가 이스라엘 집과 유다 집에 새 언약을 맺으리라."

새 언약은 이방인과 맺지 않는다. 그들은 여호와께서 유대인들과 맺은 언약에 접붙임 받는다. 그렇다면 이 새 언약은 어떤 종류의 언약인가? 그것은 33절에 잘 설명되어 있다. "그러나 그 날 후에 내가 이스라엘 집과 맺을 언약은 이러하니 곧 내가 나의 법을 그들의 속에 두며 그들의 마음에 기록하여 나는 그들의 하나님이 되고 그들은 내 백성이 될 것이라."

토라는 폐하여지는 것이 아니라, 돌에 새겨지는 대신 마음에 새겨진다. 어떤 사람들은 이스라엘 백성이 예슈아를 거절하였기 때문에 하나님이 그들을 버리셨다고 생각한다. 그러나 성경은 새 언약에 있어서 이스라엘에 대해 다음과 같이 말한다.

이 법도가 내 앞에서 폐할진대 이스라엘 자손도 내 앞에서 끊어져 영원히 나라가 되지 못하리라 여호와의 말씀이니라 여호와께서 이와 같이 말씀하시니라 위에 있는 하늘을 측량할 수 있으며 밑에 있는 땅의 기초를 탐지할 수 있다면 내가 이스라엘 자손이 행한 모든 일로 말미암아 그들을 다 버리라 여호와의 말씀이니라 (렘 31:36-37)

그것뿐만이 아니다. 어떤 사람들은 4천 년 전에 아브라함과 맺었던 땅에 관한 언약이 소멸되었고, 이제 그 땅은 팔레스타인 사람들에게 속한다고 주장한다. 한 세대를 60년으로 친다면, 아담으로부터 지금까지는 겨우 100세대 또는 6천 년밖에 되지 않는다. 그런데 하나님은 아브라함과 맺은 땅에 관한 언약을 천 대에 걸쳐 확증하신다. 그것은 6만 년으로, 지금까지 인간이 존재한 모든 기간의 열 배이다!

> 그는 그의 언약 곧 천 대에 걸쳐 명령하신 말씀을 영원히 기억하셨으니 이것은 아브라함과 맺은 언약이고 이삭에게 하신 맹세이며 야곱에게 세우신 율례 곧 이스라엘에게 하신 영원한 언약이라 이르시기를 내가 가나안 땅을 네게 주어 너희에게 할당된 소유가 되게 하리라 하셨도다 (시 105:8-11)

유대인 메시아가 와서 땅에 관한 언약을 확증하실 것이다. 결국 그것은 그의 유업이고, 그는 그 땅을 나누거나 누구에게 주지도 않을 것이다.

자, 다음 내용에 대해서는 논란이 매우 많다! 유대인 메시아는 그 외에 무엇을 성취할 것인가?

- 메시아는 제사장직과 제사 제도를 다시 시작할 것이다.

여호와께서 이같이 말씀하셨느니라 첫째 달 초하룻날에 흠 없는 수송아지 한 마리를 가져다가 성소를 정결하게 하되 제사장이 그 속죄제 희생제물의 피를 가져다가 성전 문설주와 제단 아래층 네 모퉁이와 안뜰 문설주에 바를 것이요 그 달 칠일에도 모든 과실범과 모르고 범죄 한 자를 위하여 역시 그렇게 하여 성전을 속죄할지니라 첫째 달 열나흗날에는 유월절을 칠 일 동안 명절로 지키며 누룩 없는 떡을 먹을 것이라 (겔 45:18-21)

에스겔서의 마지막 몇 장들은 성전이 다시 세워지고 제사가 재정립 되는 메시아 시대에 대해 말한다. 성전은 아직 지어지지 않았다! 아래에 믿기지 않는 구절이 있다.

주 여호와께서 이같이 말씀하셨느니라 이스라엘 족속 중에 있는 이방인 중에 마음과 몸에 할례를 받지 아니한 이방인은 내 성소에 들어오지 못 하리라 이스라엘 족속이 그릇 행하여 나를 떠날 때에 레위 사람도 그릇 행하여 그 우상을 따라 나를 멀리 떠났으니 그 죄악을 담당하리라 그러 나 그들이 내 성소에서 수종들어 성전 문을 맡을 것이며 성전에서 수종 들어 백성의 번제의 희생물과 다른 희생물을 잡아 백성 앞에 서서 수종 들게 되리라 (겔 44:9-11)

우리가 아는 사실은 오직 하나님만이 사람의 마음이 할례를 받았는 지를 아신다는 것이다. 많은 성도들이 제사 제도가 재정립되는 것에 대 해 주춤하는데, 그것은 그들이 제사 제도를 제대로 이해하지 못하기 때 문이다. 나는 새로운 천년왕국 시대의 성전에서 십자가 사건 이후의 제 사 제도에 대해 많은 논란이 있을 것이라고 생각한다. 그렇지만 모든 것을 신학의 논리에 맞지 않는 비유로 보기보다는 본문의 내용을 있는 그대로 믿는다. 그렇다면, 죄의 삯은 더 이상 죽음이 아니라 좋지 않은 감정일 것이고, 십계명은 열 가지 제안이 될 것이다. 성경에서 다른 상징이나 의미를 추론할 때조차도 우리는 절대 본문의 단순한 의미를 간과하지 않는다.

우리는 또한 모든 유대 전통을 비성경적이라고 분류하는 것이 반유대적임을 알아야 한다. 사실 기독교 전통에도 비성경적인 것이 너무나 많다. 또한 양쪽 다 문제가 되지 않는 전통도 많다. 전통은 그냥 전통일 뿐이다. 따라서 우리는 편견을 내려놓고 단순히 성경을 있는 그대로 읽어야 한다.

매일의 제사들은 고범죄만을 위한 것이 아니었다. 유대인들은 매일의 제사들이 고범죄를 속량한다고 믿지도 않았다. 그렇다. 죄를 위한 제사들이 있기는 했으나 그것들은 부지 중에 범한 죄를 위한 것이지, 고범죄를 위한 것이 아니었다. 유대인들이 고범죄에 대해 용서받을 수 있다고 느꼈던 유일한 방법은 토라에서 요구하는 대로 죄의 고백과 회개, 속량이었다. 제사들은 그들이 하나님께 가까이 나아가 그분의 식탁에 앉아 함께 식사하는 방법 중 하나였다.

희생제사들 살펴보기

희생제사의 주요 제물들은 번제물로 구성되어 있었다. 번제물은 제물을 모두 불에 태우는 것으로, 어느 누구도 그 제물을 먹지 않았다. 그 용어는 위로 올라간다는 뜻으로, 번제를 드리는 사람이 제물을 통해 하나님께 올라가는 것을 의미한다. 그것은 죄와 상관이 없었고, 의무도 아니었다. 이것은 우리 삶 전체를 하나님께 바치라고 하는 로마서 12장의 개념과 같다.

그리고 우리 삶에 하나님께서 개입해 주신 것에 대해 감사를 표하는 화목제물이 있다. 이 제물은 제단에서 불살랐는데, 일부는 제사장에게 주고 나머지는 그것을 드린 사람이 가족과 함께 먹었다. 유월절 제물은 화목제물이지, 죄에 대한 제물로 여기지 않았다. 탈무드는 메시아가 오실 때, 화목제물만이 성전에 가져올 유일한 제물일 것이라고 말한다.

다음은 '하타트'(chatat) 또는 속죄제물이다. '하타트'는 의지적이거나 의도적이며 악의가 있는 죄보다는 부주의함으로 인한 의도하지 않은 죄나 부지 중에 지은 죄를 말한다. 하타트 제물은 개인과 나라를 위한 것이었다. 토라에서 용서는 항상 회개와 죄의 고백, 속량 그리고 하나님의 은혜와 자비를 구함으로 받았다. 의지적인 죄들은 대속죄일(욤 키푸르)에 다루어졌다.

'아샴'(asham) 또는 속건제물은 죄를 지었는지가 분명하지 않을 때 가져왔다. 나중에 죄를 지은 것이 확실하면, 하타트 제물을 가져오면 되었다. 배상은 일어난 일을 근거로 요구되었다.

'민하'(minchah) 또는 소제와 전제물은 노동의 열매를 나타내는 제물로, 일부가 여호와께 드려졌다.

유대인들은 메시아 왕국에서 모든 제사 형태가 실행되지는 않을 것이라고 생각한다. 그러면 이제 유대인들이 왜 예수님을 그들의 메시아로 믿지 않는지에 대해 알아보자.

유대교에 따르면, 예수님은 성경의 기준을 충족시키지 않았다

성경의 예언에 관한 유대적 관점에 따르면, 예수님은 메시아로서 주요 기준들 중 많은 부분을 충족시키지 못했다.

- 군사적으로, 그는 그들이 기대했던 바를 행하지 않았다. 그는 로마제국을 전복하지 않았다.

- 유대인들은 다시 모아지지 않았고, 전 세계에 더 흩어졌다. 2천 년이 지난 지금까지도, 그들은 여전히 부분적으로 모아졌을 뿐이다.

- 성전은 파괴되었고, 지금까지도 재건되지 않았다.

- 현재는 제사 제도가 없다.

- 이스라엘은 세계의 수도가 아니다. 열방들은 예루살렘을 이스라엘의 수도로 허락하지도 않을 것이다! 모든 정부가 예루살렘으로 흘러 들어가는 것은 고사하고, 대부분의 나라들은 그들의 대사관을 예루살렘으로 옮기지도 않을 것이다. 심지어 열방들은 예루살렘을 두 국가의 수도로 나누려고 시도하고 있다.

- 이리와 어린 양이 함께 눕는 평화가 이스라엘에 임했는가?
- 그들이 예수님이 토라를 바꾸었다고 말하는 것처럼, 모든 나라가 토라를 무시하고, 교회는 그것을 무효화하고 무익하다며 경시한다.
- 무엇보다, 예수님은 더 이상 유대인이 아닌 기독교인일 뿐이다!

어떻게 이러한 것들이 유대인에게 '좋은 소식'이 되겠는가? 그런데도 사람들은 나에게 "왜 유대인들이 예수님을 그들의 메시아로 믿거나 인정하는 것을 어려워하는가?"라고 묻는다.

유대적 반메시아 정서

메시아는 히브리어로 마시아흐이며, 그것은 '기름부음을 받다' 또는 '기름부음 받은 자'를 의미한다. 따라서 적그리스도는 기름부음 받은 자를 대적하는 사람이다. 유대교의 특정 당파에서는 적그리스도가 '아르밀루스'(Armilus, 메시아가 와서 그를 격퇴시킬 때까지 유대인을 박해하는 원수로 알려진 인물 - 역자 주)일 것이라고 알려져 있다. 그가 누구인가에 대해서는 다양한 의견들이 있다.

기본적으로 그가 에스겔서에 나오는 곡의 후계자이거나 에돔과 기독교로 언급되는 로마의 수장이라고 가르친다. 즉, 그들에게 적그리스도는 아마도 교황이거나 마지막 때에 이스라엘을 대적하는 나라의 수장일 것이다. 그는 유대인들을 대적하여 전쟁을 하고, 요셉과 다윗의 아들을 죽일 것이다. 그들에게 적그리스도는 모세가 받은 하나님의 율법을 폐하는 자이다. 그들은 요셉의 아들 메시아와 다윗의 아들 메시아가 완전한 인간이라고 믿는다.

두 증인에 대한 유대적 개념

유대교에서는 메시아가 오기 전에 엘리야와 또 다른 선지자가 와서 나팔(쇼파르) 소리와 함께 그의 도래를 알린다고 말한다. 그들은 매년 유월절 예식 만찬에 메시아 왕국이 도래하고 있음을 알릴 엘리야를 위해 잔 하나를 남겨놓는다.

말라기 선지자는 하나님께서 여호와의 크고 두려운 날이 이르기 전에 엘리야 선지자를 보내신다고 말한다(말 4:5). 이 말씀 바로 전에 말라기 선지자는 다음과 같이 예언한다. "용광로 불 같은 날이 이르리니 교만한 자와 악을 행하는 자는 다 지푸라기 같을 것이라 그 이르는 날에 그들을 살라 그 뿌리와 가지를 남기지 아니할 것이로되 내 이름을 경외하는 너희에게는 공의로운 해가 떠올라서 치료하는 광선을 비추리니 너희가 나가서 외양간에서 나온 송아지 같이 뛰리라 또 너희가 악인을 밟을 것이니 그들이 내가 정한 날에 너희 발바닥 밑에 재와 같으리라"(1-3절). 그리고 그는 모든 사람에게 "호렙에서 온 이스라엘을 위하여 내 종 모세에게 명령한 법 곧 율례와 법도를 기억하라"(4절)고 권한다. 여기에는 이유가 있어야 한다!

신명기 18장 15-22절에서 모세가 이스라엘에게 하나님이 "나와 같은 선지자 하나를 일으키실 것"이며, 그가 그들 중 하나가 될 것이고, 그들이 그의 말을 들을 것이라고 말할 때, 다른 선지자가 올 것임을 알 수 있다. 이 다른 선지자는 모세와 같은 자로, 모든 종류의 이적과 기사를 행할 것이다.

> 그 후에는 이스라엘에 모세와 같은 선지자가 일어나지 못하였나니 모세는 여호와께서 대면하여 아시던 자요 여호와께서 그를 애굽 땅에 보내사 바로와 그의 모든 신하와 그의 온 땅에 모든 이적과 기사와 (신 34:10-11)

또한 18장에서는 하나님의 이름으로 선포한다고 주장하는 거짓 선지자에 대하여 경고한다. 여기서 주께서 오직 아버지가 말씀하신 것만 말하고, 모든 종류의 이적과 기사를 행하셨다고 말하는 요한복음 8장의 말씀이 떠오른다. 기독교인들은 신명기의 예언이 예슈아에게 적용된다고 믿지만, 유대인들에게는 모세와 같은 선지자가 아직 오지 않은 것이다.

우리는 모든 이적과 기사를 행하며 거짓을 말하는 요한계시록 13장과 16장에 언급된 거짓 선지자를 생각하지 않을 수 없다! 성도들에게 닥칠 가장 큰 시험은 거짓 선지자로부터 참 선지자를 분별하는 것이다. 둘 다 하나님을 위한다고 주장하며 이적과 기사를 행할 것이다.

모세와 엘리야가 두 증인이라고 해보자. 그리고 동시에 적그리스도와 거짓 선지자가 나타나서 전쟁을 한다. 둘 다 하나님의 이름으로 말하고 이적과 기사를 행한다면, 누구를 믿을 것인가?

마태복음 24장 4-5절과 11절에서는 위대한 이적과 기사를 보여 주며 사람들을 속이는 거짓 선지자들과 거짓 메시아들을 언급한다. 마태복음 7장 21-23절에서 예수님은 주의 이름으로 예언하고, 귀신을 쫓아내며, 놀라운 일을 행했다고 주장하는 자들에게 불의를 행하는 자들이라고 말씀하신다!

데살로니가후서 2장 7절에서 사도 바울은 불법의 비밀에 대해 말한다. 8절에서 그는 계속하여 '불법한 자'가 드러날 것이라고 말한다. 여기서 '불법'은 이 세상의 법에 대해 불법적인 것을 말하는 것이 아니라 하나님의 법을 따르지 않는 것을 의미한다!

신명기 18장을 다른 관점에서 보면, 하나님의 이름으로 선포하는 것처럼 주장하면서 다른 신의 이름으로 선포하는 거짓 선지자들에게 넘어가지 않도록 이스라엘에게 경고한다. 이러한 일을 행하는 선지자는 반드시 죽임을 당할 것이다. 21-22절은 이스라엘이 어떻게 거짓 선지자를 구별하는지 말한다. 그것은 그가 말한 것이 이루어지는가에 달려 있다. 그러나 이것은 어떻게 '참' 선지자를 알아내는가에 대한 것이 아니다! 이것은 어떻게 '거짓' 선지자를 알아내는가를 말할 뿐이다.

토라에서 정의한 참 선지자

그렇다면 참 선지자는 무엇으로 분별해야 하는가? 우리의 감정이나 신학적 해석을 따르지 않도록 하나님이 주신 영적 기준이 있는가? 참 혹은 거짓 선지자를 결정하는 기준에 대한 추가적인 정보는 신명기 13장에 있다.

> 너희 중에 선지자나 꿈꾸는 자가 일어나서 이적과 기사를 네게 보이고 그가 네게 말한 그 이적과 기사가 이루어지고 너희가 알지 못하던 다른 신들을 우리가 따라 섬기자고 말할지라도 너는 그 선지자나 꿈꾸는 자의 말을 청종하지 말라 이는 너희의 하나님 여호와께서 너희가 마음을 다하고 뜻을 다하여 너희의 하나님 여호와를 사랑하는 여부를 알려 하사 너희를 시험하심이니라 너희는 너희의 하나님 여호와를 따르며 그를 경외하며 그의 명령을 지키며 그의 목소리를 청종하며 그를 섬기며 그를 의지하며 그런 선지자나 꿈꾸는 자는 죽이라 이는 그가 너희에게 너희를 애굽 땅에서 인도하여 내시며 종 되었던 집에서 속량하신 너희의 하나님 여호와를 배반하게 하려 하며 너희의 하나님 여호와께서 네게 행하라 명령하신 도에서 너를 꾀어내려고 말하였음이라 너는 이같이 하여 너희 중에서 악을 제할지니라 (신 13:1-5)

이 말씀에 의하면, 하나님의 이름으로 예언하며 모든 종류의 이적과 기사를 행하는 참 선지자와 그렇지 못한 거짓 선지자가 있다. 여기에서 참과 거짓을 결정짓는 기준은 모세가 받은 하나님의 율법을 대적하는가이다. 선지자가 모세와 같이 하나님이 말씀하신 것만 기록하면, 그는 율법을 범하지 않고 그것을 무효화하거나 없애지 않을 것이다. 만약 그렇지 않다면, 그는 분명 모세나 유대인 메시아의 역할을 성취할 수 없을 것이다!

이에 비추어 볼 때, 몇몇 유대인들이 예수님을 메시아로 인정하지 않는 가장 큰 이유 중 하나는 예수님이 율법을 폐하셨다고 교회가 가르치는 데 있다! 그는 필경 영원히 있어야 하는 하나님의 말씀을 없앤 셈이다. 그들에게 있어서 예수님이 행하신 모든 이적과 기사는 거짓 선지자의 자격이 될 뿐이다. 우리 중 누가 하나님의 말씀을 편집할 권위를 가졌다고 생각하는가? 그것은 분명 우리의 권한을 넘어서는 일이다!

변호사이자 정통 유대인인 아셀 노만은 《유대인들이 예수를 믿지 않는 26가지 이유》(Twenty-Six Reasons Why Jews Don't Believe in Jesus)라는 책에서 기독교의 성경에 무려 300개가 넘는 메시아에 대한 거짓 예언이 있다고 주장한다. 그는 아홉 가지 예를 드는데, (그의 의견에 동의하지 않지만) 아래와 같이 세 가지로 분류할 수 있다.

- 그는 기독교인들이 말하는 것을 오해하고 있다.
- 그는 유대교에 적용한 것과는 다른 기준을 기독교에 적용하고 있다.
- 몇 가지 그의 지적은 유효하며, 기독교인들이 자신들의 신학을 검토하여 재평가해야 할 부분이 있는지 봐야 할 것이다.

몇 가지 신학적 근거들

노만은 하나님은 사람이 아니시라고 말한다. 그러므로 예수님은 신이 아니고, 동정녀에게서 태어나지도 않았다는 것이다. 이와 관련하여 그는 "하나님은 사람이 아니시니 거짓말을 하지 않으시고"(민 23:19)라는 말씀을 인용한다. 그는 "여호와께서는 자기에게 간구하는 모든 자 곧 진실하게 간구하는 모든 자에게 가까이 하시는도다"(시 145:18)와 같은 말씀을 근거로 하나님과 사람 사이에 중재자가 필요하지 않다고 믿는다.[7]

또한 노만은 유대교에는 삼위일체의 개념이 없으며, 실제로 토라가 거짓 선지자이자 하나님의 율법을 대적하는 예수님에 대해 경고했다고 말한다. 그는 성경에 메시아의 동정녀 탄생에 대한 예언이 없으며, 예수님의 피가 그들의 죄를 대속하지 않았다고 말한다.[8]

그는 또한 대부분의 경우, 기독교인들이 제사 제도의 목적에 대해 아는 바가 없다고 믿는다. 누군가는 "인자와 진리로 인하여 죄악이 속하게 되고"(잠 16:6)라는 말씀을 근거로 죄를 대속하는 피의 제사가 필요한지에 대해 논쟁할 수도 있다. 니느웨도 피의 제사 없이 대속을 받았다. 그는 또한 사도 바울을 유대의 율법을 반대하는 근원으로 본다.[9]

메시아와 관련된 거짓 예언에 대한 노만의 몇 가지 예들은 다음과 같다. 예수님이 이사야 53장의 고난받는 종이 아니고, 하나님에게 아들이 있다는 예언은 없다는 것이다. 마지막으로 그는 이사야 9장 6-7절에서 메시아가 문자 그대로 능력의 하나님으로 불릴 것이라고 예언하지 않았다고 말한다.[10]

그의 의견 중 많은 부분들이 정당한 것들이어서, 우리는 그의 견해에 대해 "그들은 눈이 멀었어"라며 무시하기보다 진지하게 받아들여야 한다. 우리는 논쟁보다는 그들의 마음의 소리를 들어야 한다.

요약

이번 장에서 우리는 다음과 같은 점을 알게 되었다.

- 요셉의 아들 메시아와 다윗의 아들 메시아가 나란히 일하는데, 특히 다윗의 아들 메시아가 그 메시아라는 것을 강조한다.

- 메시아가 유효하기 위해 성취해야 할 성경적 필요조건들은 다음과 같다. 그는 예루살렘에서 세상을 통치하고, 토라를 존귀하게 하며, 모든 나라에게 토라를 가르치고, 성전을 재건하며, 제사 제도를 재정립하고, 유대인들을 모으며, 여호와의 절기들을 준수할 것이다.

- 메시아는 하나님이 아닐 것이다.

요약하면, 유대인들은 예수님을 믿지 않는다. 그분이 유대교를 새로운 것으로 대체하셨기 때문이다. 또한 그의 제자들이 지난 2천 년간 지속적으로 유대인들을 쫓아내고, 어떤 자들은 그들을 개종시키거나 죽이려고 그들을 쫓아다녔기 때문이다.

3장
마지막 때에 대한 이슬람적 견해

지난 200년 동안 우리 사회는 이슬람교에 대해 많은 것을 알게 되었다. 나는 어린 시절 캐시어스 클레이라는 권투선수가 이름을 무함마드 알리로 바꾸었을 때, 이슬람교를 처음 알게 되었다. 그리고 루 앨신도어라는 농구선수가 이름을 카림 압둘자바로 바꾸면서 수니파 무슬림이 되었다는 소식을 들었다. 이 두 사람이 그 시절 내가 알던 무슬림이다.

그 후로 이슬람교는 나의 관심 밖이었다. 학교에서 십자군 전쟁과 수세기 동안의 거룩한 땅에 대한 이슬람의 침략 그리고 오스만 제국과 제1차 세계대전 중 일어난 일들을 배우긴 했지만, 모두 역사 속 사건들일 뿐이었다.

1960-1970년대에 이란이 미국 시민들을 인질로 잡아 지미 카터 대

통령을 당황하게 할 때까지만 해도 이슬람교는 단지 이스라엘의 문제로만 보였다. 그런데 1990년대에 이라크와의 전쟁이 발발하면서 이슬람은 미국의 골칫거리가 되었다. 그러다가 9·11 사태 이후 이슬람은 지구촌의 모든 사람이 "도대체 이들은 어떤 사람들인가? 그들의 진짜 목적은 무엇인가?" 하고 의구심을 가질 정도로 심각한 문제가 되었다.

그때부터 사람들이 이슬람교를 연구하기 시작하였고, 수니파와 시아파 무슬림에 대해 관심을 갖게 되었다. 샤리아법을 제정하여 다른 사람들에게 자신들의 믿음을 강요하는 그들의 신앙 체계와 사고방식은 무엇인가? 그때부터 나는 코란을 펴고 이슬람교가 어디에서 기원했는지 연구하기 시작했다. 그리고 메시아에 대한 그들의 믿음과 마지막 때에 대한 견해에 관심을 갖게 되었다.

나는 예루살렘에 있는 성전산 또는 모리아산으로 알려진 바위에서 하늘로 올라갔다는 무함마드에 대한 이야기를 읽었다. 또한 무슬림들은 예수님이 십자가에서 죽었다는 것조차 믿지 않지만, 유다가 예수님처럼 보이기 위해 거룩하게 변화되었다고 믿는다는 사실도 알게 되었다. 코란에는 다음과 같이 기록되어 있다.

> 그러나 그들은 그를 죽이지도, 십자가형에 처하지도 않았다. 그냥 그들에게 그렇게 보였을 뿐이다. 그 점에서 다른 사람들은 그들이 그를 죽였는지에 대한 증거에 대해 어떤 (특정한) 지식도 없이 오직 추측과 의심으로 가득 찼다.
>
> _수라 4:157

그들은 예수님이 하나님의 아들이라는 것을 믿지 않으며, 알라에게는 아들이 없다고 선언한다. 물론 나는 이슬람교의 신인 알라가 성경의 하나님과 동일한 존재라고 믿지 않는다. 너무 많은 정치인들이 알라와 성경의 하나님이 동일한 하나님이라고 말하며 이슬람교를 방조하는 것이 참으로 놀라울 뿐이다. 무슬림들이 예수님이 하나님의 아들인 것과 그가 십자가에서 죽었다는 것을 부인하는데, 어떻게 우리가 믿는 하나님과 알라가 동일한 존재라고 할 수 있겠는가? 성경의 하나님은 유대인들과 이스라엘 땅을 사랑하신다.

코란은 예루살렘을 알쿠드스(예루살렘의 아랍어 이름 – 역자 주)라고 하며 자주 언급한다. 무슬림들은 메카가 이방신들로부터 자유롭게 될 때까지 예루살렘을 향하여 기도하였다.[1] 마지막 때에 대한 무슬림들의 견해를 살펴보면, 몇 가지 혼동되는 것들이 있다.

이슬람교는 AD 700년경에 시작되었다. 이슬람교 웹사이트에 따르면, 무함마드는 읽기와 쓰기를 못했다고 한다.[2] 이것이 사실이라면, 그가 코란을 만든 것은 기적이라고 할 수 있다. 당시 알라가 그에게 계시한 것을 기록하기 위해 이슬람교로 개종한 기독교인 한 명과 랍비 한 명 등 몇몇 사람들이 그를 도와주었다고 한다.

그 시대 대부분의 무슬림들은 위협에 못 이겨 개종한 기독교인이나 유대인들이었다. 그리고 무함마드를 주로 도와준 사람은 그의 첫 아내의 사촌인 가톨릭 사제였다. 이것이 아마도 두 종교 간에 비슷한 점과 혼동되는 점이 있는 이유일 것이다. 그들은 에스더서에 등장하는 하만이 바로의 수상이었다는 식으로 모순된 내용을 의도적으로 코란에 기록하였다. 하만이 그들이 주장한 시대로부터 천 년도 더 지난 후에 바벨론에 살았던 자인데도 말이다. 우리는 이 내용을 코란에서 확인할 수 있다.

> 바로가 말했다. "오, 하만아! 내가 하늘에 이르는 방법과 수단들을 얻고 모세의 하나님께 올라갈 수 있도록 높은 궁전을 지어다오. 그런데 나는 모세가 거짓말쟁이라고 생각한다!"
> _수라 40:36-37

또 다른 모순된 부분은 예수님의 어머니인 마리아(메리, 미리암)가 1,400년 전에 살았던 모세의 누이 미리암과 같다고 주장하는 것이다![3]

> 그녀가 그 아기(예수님을 말함)를 품에 안고 사람들에게 데려오자 그들이 말했다. "오, 메리! 당신이 진정 놀라운 것을 가져왔군요! 오, 아론의 누이여! 당신의 아버지는 악한 자가 아니었고, 당신의 어머니도 행실이 나쁜 여자가 아니었습니다!"
> _수라 19:27-28

《속임에서 진리로, 알라에게서 하나님께로》의 저자이자 코란을 통째로 외우는 이슬람 학자로, 지난 20여 년간 중동의 경제를 책임져 온 하이담 베스마에 의하면, 코란 안에 모순이 많다고 한다. 그는 죽음의 위기에서 주님과의 극적인 만남을 통해 메시아를 알게 되었다.

632년 무함마드가 죽을 때, 그는 후계자를 임명하지 않았다. 그런데 이것이 이슬람의 분열을 야기하여 수니파와 시아파로 나뉘었다. 소수 그룹인 시아파는 무함마드의 후손이나 친척이 후계자가 되어야 한다고 믿었다. 그들은 무함마드의 딸인 파티마와 결혼한 알리를 옹호하여 그의 뒤를 이은 이맘들(지도자들)의 계열을 따랐다.[4]

대부분의 시아파들은 열두 명의 이맘 계열을 따랐는데, 그중 마지막 이맘은 9-10세기에 이라크에서 사라진 소년이다. 아버지가 살해된 후 사라진 그 소년('숨겨진 이맘')은 그들의 마지막 메시아인 마흐디로 돌아올 것이다. 그때까지는 시아파의 고위 책임자인 아야톨라가 책임을 맡는다.

수니파는 무함마드의 후손이 후계자가 되는 것에 반대하여 공동체의 지도자들에 의해 선출된 자가 그의 뒤를 이어야 한다고 믿었다.[5] 그들은 무함마드의 가장 친한 동료 중 하나였던 아부 바크르를 후계자로 선출했다.[6] 현재 무슬림 중 80-90퍼센트가 수니파, 10-20퍼센트가 시아파로 추산되며, 시아파는 대부분 이란과 이라크 남부, 레바논에 모여 있다. 수니파와 시아파는 서로 다른 종말론적 견해를 가지고 있는데, 이에 대해 살펴보자.

먼저 용어에 익숙해질 필요가 있다. 이제부터 내가 말하는 대부분의 내용은 인터넷에서 간단한 검색을 통해 확인할 수 있는 것들이다. 나는 이슬람교의 모든 분야와 종파들을 자세하게 거론하지는 않을 것이다. 기독교에 많은 교파가 있듯이, 이슬람교에도 다양한 분파가 있다. 이 책은 이슬람교 입문서가 아니므로, 기본적인 개요를 알려 주는 선에서 설명하겠다.

암송이라는 뜻을 가진 코란은 이슬람 경전으로, 가브리엘 천사가 무함마드에게 코란을 계시했다고 한다. 그리고 '잘 다져진 길'이라는 뜻을 가진 수나가 있는데, 이것은 무함마드가 말하고 행한 모든 것을 기록한 것으로 코란 못지않게 중요한 교재이다. 코란에 없는 무함마드의 말이 담겨 있는 하디스는 이슬람 교파에 따라 내용이 다르다. 대부분의 경우, 하디스와 수나는 코란을 설명하거나 그 의미를 명확하게 해준다.

성경에 대한 기독교의 견해와 동일하게, 이슬람교에서는 코란을 거룩한 영감을 받은 경전으로 본다. 하이담 베스마에 의하면 코란에는 총 114장이 있고 2,200개의 믿을 만한 하디스가 있는데, 오직 1,400개의 하디스만이 검증되었다. 그리고 여섯 권의 하디스 책 중 오직 두 권만이 믿을 만하다고 여겨진다. 그는 무슬림들이 하디스의 주석을 코란만큼 중요하게 여긴다고 말한다. 이것은 탈무드에 대한 유대인의 견해와 비슷하다.

흥미롭게도 그는 이슬람교에서 무함마드의 권위가 너무 높아져서 누구든지 아무렇지 않게 알라를 저주할 수 있지만, 무함마드에게는 그렇게 할 수 없다고 말해 주었다. 누군가가 무함마드를 욕하면, 지옥과 어둠이 뒤집어지며 그를 죽이라고 선언한다고 한다.

이제 마지막 때에 대한 그들의 견해를 살펴보자.

마흐디와 예수

'안내받은 자'로 알려진 마흐디는 이슬람교의 메시아이다. 코란에는 마흐디에 대한 직접적인 언급은 없지만, 하디스에는 언급되어 있다. 무슬림들은 그가 인간이라고 믿으며, 무함마드 역시 앞으로 올 마흐디에 대해 계시했다고 말한다. 이제 우리는 그를 다른 메시아들과 쉽게 구별할 수 있다. 그의 이름은 바로 무함마드이다!

아마도 이것이 수많은 무슬림들이 자신의 아들의 이름을 무함마드라고 짓는 이유일 것이다. 그의 아버지의 이름은 압둘라이고, 어머니의 이름은 아미나일 것이다. 그의 수도는 다마스쿠스에 위치할 것인데, 이것이 매우 흥미롭다.[7]

마흐디는 재림하시는 예수님과 동시에 나타날 것으로 여겨지는데, 그들은 예수님이 마흐디를 수행하는 무슬림으로 올 것이라고 믿는다(무슬림들은 유대인들이 기대하는 메시아를 다잘[거짓말쟁이 또는 속이는 자] 혹은 적그리스도로 여긴다).

이슬람교에서는 예수님이 복음서에서 스스로 무슬림이라고 선언했다고 주장한다. 이와 관련해서 그들은 누가복음 22장 42절을 인용하는데, 예수님께서 "내 원대로 마시옵고 아버지의 원대로 되기를 원하나이다"라고 말씀하신 부분이다. 그들은 예수님이 자신의 의지를 알라에게 순복시킴으로 무슬림이 되었다고 선언한 것이라고 말한다. 왜냐하면 무슬림이란 자신의 의지를 알라에게 순복시키는 사람이기 때문이다.

그들은 예수님이 아기였을 때부터 무슬림이었다고 주장한다. 코란에서는 사람들이 새로 태어난 아기가 선지자인지 묻는다.

그녀가 아기를 가리키자 그들이 말했다. "구유에 있는 아기에게 우리가 어떻게 말할 수 있는가?" (아기가) 말했다. "나는 진정 알라의 종이다. 그가 나에게 계시를 주었고 선지자로 만들었다. 그리고 그가 내가 있는 곳마다 복을 받게 하였고, 내가 사는 동안 기도하며 자비를 베푸는 자가 되도록 명하셨다. (그가) 나를 어머니에게는 친절하도록, 그리고 거만하거나 비참하지 않도록 만드셨다. 그래서 내가 태어난 날과 죽는 날 그리고 생명으로 (다시) 살아나게 될 날, 나에게 평강이 임한다!"

_수라 19:29-33

놀랍게도 코란에 등장하는 아기 예수는 대단한 어휘력을 가지고 있다!

예수님이 오실 때, 무슬림들은 그를 어떻게 인식할까? 수난 아부 다우드의 하디스 37권 4310번에는 다음과 같이 기록되어 있다.

나와 그 사이에 어떤 선지자도 없을 것인데, 그는 예수(평강이 그에게 임함)다. 그는 (땅으로) 내려올 것이다. 너희들이 그를 보면, 그를 알게 될 것이다. 그는 중간키에 갈색 머리로, 두 개의 옅은 노란색 옷을 입고, 그의 이마에서 물방울이 떨어지는 것처럼 보이지만 젖지는 않을 것이다. 그가 이슬람을 위해 사람들과 싸울 것이다. 그가 십자가를 부수고, 돼지 떼를 죽이며, 지즈야를 폐할 것이다. 알라는 이슬람을 제외한 모든 종교를 없앨 것이다.[8]

'지즈야'는 무슬림이 유대인과 기독교인에게 부과한 보호세로, 폭

력배 두목이 자릿세를 받는 것과 같은 것이다. 그들이 생각하는 예수는 다잘 혹은 적그리스도(유대인의 메시아)를 멸하고, 이 땅에서 40년간 살 것이다. 그리고 예수는 죽고, 무슬림들이 그를 위해 기도할 것이다.

그것뿐만이 아니다. 그들은 예수가 올 때 그가 어디에 도착하는지도 안다. 그곳은 감람산이 아니라 다마스쿠스이다.

> 알라가 '마세 이븐 마리얌'(메리의 아들 메시아)을 보낼 것이다. 그러므로 그는 두 개의 노란 천으로 된 옷을 입고, 두 천사들의 어깨에 기대어 다마스쿠스의 화이트 이스턴 첨탑 부근에 내려 올 것이다.[9]

예수는 40년간 알라의 집행관으로서 모든 기독교인과 유대인들이 무슬림이 된 것을 확인한 후 죽어서 메디나의 무함마드 옆에 묻힐 것이다.

마지막 때에 대한 이슬람교의 믿음은 대부분 하디스에 근거한다. 이제 무슬림의 종말론에 대한 견해를 몇 가지 살펴보자. 이슬람교에서 말하는 마지막 때의 징조들은 성경이 가르치는 것과 비슷하다. 예를 들어, 그들은 이 시대를 대환난의 때로 본다. 18세기의 유명한 이슬람 학자 이븐 카티르라는 다음과 같이 기록하였다. "그때에 작은 징조들이 나타나고 증가한 후, 인류는 대환난의 단계에 이를 것이다. 그러면 기다렸던 마흐디가 나타날 것이다. 그는 그 시기의 분명한 첫 징조이다."[10]

샤이크 무함마드 히샴 카바니에 의하면, 마흐디의 승천 전에 동쪽에서 검은 깃발을 가진 군대가 올 것이다.[11] 카바니는 하디스 또한 고라산 지역으로부터 오는 검은 깃발이 마흐디의 출현이 가까움을 의미한다고 지적한다. 고라산은 오늘날의 이란에 있는데, 어떤 학자들은 "이 하디스가 검은 깃발이 중앙아시아, 즉 고라산 방향으로 나타나면, 마흐디의 출현이 임박함을 의미하는 것"이라고 하였다.12) 나는 여기에서 '이슬람국가'(ISIS, 이슬람 수니파 테러 단체 - 역자 주)의 깃발을 떠올리지 않을 수 없다. 분명히 그들은 평화의 이름으로 온다.

평화냐, 지하드냐?

이슬람교에 의하면, 무슬림들은 절대 시온주의자들을 용납할 수 없다. 그들에게 이 땅에 평화를 가져오기 위한 마지막 일은 유대인들을 약속의 땅 이스라엘로 다시 모으는 것이다. 그것이 모든 유대인을 쉽게 멸할 수 있는 방법이기 때문이다. 그들은 이것으로 유일한 위로를 삼는다. 그러나 나는 하나님이 유대인들을 모으시는 것이 그들을 멸하기 위해서라고 생각하지 않는다. 아모스 9장 마지막 절에서 하나님은 이스라엘을 모든 흩어졌던 곳에서 데려오셔서 그들을 심으시고, 그들이 다시는 뽑히지 않을 것이라고 말씀하신다.

이슬람교에 의하면, 언제 평화가 올 것인가? 한 무슬림 웹사이트는 이슬람이 사랑과 평화의 종교이고, 그것을 "하나님(알라)께 순복하고, 그분의 권위를 받아들이고, 그의 명령에 순종하는 것"으로 정의한다. 또한 "하나님은 무슬림이 안전하고 평화로운 환경에서 살기 원하신다"13)고 말한다. 다시 말해서, 평화는 오직 이슬람교를 믿는 자들을 위해서만 예비된 것이다.

우리는 여기서 용어를 잘 정의해야 한다. '평화'란 단어는 각 문화마다 의미하는 바가 다르다. 우리는 평화가 서로 다른 문화가 공존하는 것이라고 생각한다. 그러나 무슬림 극단주의자들에게 평화란 다른 문화가 존재하지 않을 때 가능한 것이다! 그들에게 진정한 평화는 유대인과 기독교인이 존재하지 않는 것이다.

이슬람교는 성경에 언급된 대로 마지막 때의 7년 평화 조약을 언급하는데, 하디스 또한 아랍과 로마(서구 기독교를 말함)와의 7년 평화 조약에 대해 말한다. 그들은 레위 족속 유대인이 이 협약을 중재할 것인데, 그가 대제사장 아론의 후손일 것이라고 말한다.

> 라수루라(무함마드)는 말했다. "너희들과 로마인들(기독교인들) 사이에 네 개의 평화 협약이 있을 것이다. 네 번째 협약은 하드랏 하룬(존경하는 아론, 모세의 형)의 후손으로 온 사람을 통해 중재될 것이며, 7년간 유지될 것이다."[14]

유대-기독교 신앙에서는 진리가 최고의 가치이고, 모든 사람이 평화를 추구한다. 그리고 이슬람교 역시 자신들이 평화의 종교라고 말한다.

전에 〈무슬림 타임즈〉의 편집국장인 지아 H. 샤의 논설을 읽었는데, 그는 코란이 긍휼과 사랑과 자비의 메시지라고 말한다. 그는 긍휼한 삶에 대해 무려 200여 개의 구절을 코란에서 인용하고, 이 사실을 증명하기 위해 "200개 중 112개의 구절에서 '은혜롭고 자비하신 알라의 이름으로'라는 말이 반복된다"고 하였다. 그러면서 이것이 바로 코란이 모든 인류가 은혜롭고 자비하기 원한다는 증거라고 말한다. 그러나 코란은 무슬림들에게 비신자들을 죽이라고 지시한다.

> 이교도들을 발견하면 죽이고, (그리고) 붙잡고, 그들을 포위하며, (전쟁의) 무슨 책략으로든 그들을 숨어서 기다리라. 그러나 그들이 회개하고 기도 생활을 정립하여 자비를 베푸는 생활을 하면, 그들을 위해 길을 열어 주어라. 왜냐하면 알라는 때로 용서하시며, 지극히 자비하신 분이기 때문이다.
> _수라 9:5

다잘 또는 적그리스도

카바니는 다음과 같이 말한다.

선지자가 마지막 때에 모든 인류를 속이는 자가 있을 것이라고 우리에게 알려 주었다. 다잘은 이 세상을 초월하는 능력을 소유할 것이다. 그러므로 무슬림들은 자신의 종교를 떠나 다잘을 따르지 않기 위해 세상을 사랑하는 마음을 품지 않도록 주의해야 한다. 그는 예수가 그랬듯이 손을 대어 아픈 자를 치유할 것이나 이러한 미혹으로 사람들을 지옥의 길로 인도할 것이다. 그러므로 다잘은 거짓 메시아, 또는 적그리스도(마시아드-

다잘)이다. 그는 메시아로 가장하여 사람들에게 놀라운 능력을 보여 줌으로 그들을 속일 것이다.[15]

카바니는 계속해서 다잘의 몇 가지 기적적인 능력을 설명한다.

다잘은 마귀의 능력으로 올 것이다. 그는 무슬림들을 위협하여 자신을 따르게 하고, 그들을 변절시킬 것이다. 그는 진리를 감추고 거짓을 가져올 것이다. 선지자는 다잘이 TV 화면처럼 그의 손 안에 사람들의 조상의 형상을 띄워 보여 주는 능력을 가지게 될 것이라고 말한다. 그 조상의 형상은 "오, 내 아들아! 이 사람이 맞단다. 나는 선하게 살았고, 또 그를 믿었기 때문에 지금 낙원에 있단다"라고 말할 것이다. 만약 그 조상이 "이 사람을 믿어라. 나는 그를 믿지 않았기 때문에 지옥에 있다"고 말한다면, 그 말을 들은 사람은 다잘에게 "아니다, 그는 낙원에 있다. 이 사람은 가짜다"라고 말해야 한다.[16]

이것이 이슬람의 미혹이다. 메시아가 다시 오실 때, 무슬림들은 그를 따르지 않고 대적할 것이다!

무슬림들이 다잘로부터 보호받는 방법이 있다. 하나님께서는 법정에서 살인 사건이 우연히 일어난 사고였다는 것을 인정받거나 대제사장이 죽을 때까지 살인자가 보호받고 안전하게 살도록 도피성을 마련하셨다. 이처럼 이슬람교에도 도피성이 있다. 그곳은 그들의 적그리스도인 다잘이 들어갈 수 없는 곳으로 메디나, 메카, 다마스쿠스이다. 아마도 천사들이 그 도피성들을 지키고 있을 것이다.

안전을 원한다면, 그곳으로 도피하기 위해 여권을 준비하는 것이 좋을 것이다! 아직 천사들이 도착하지 않았을 것이므로 다마스쿠스에서 대기하는 것도 괜찮다. 메디나와 메카는 방문이 제한되어 있고, 오직 사우디 국민들만 그곳에 거할 수 있기 때문이다. 이러한 이유로 다잘이 올 때, 그곳들이 유일한 도피성이 될 것이다!

그리고 또 다른 선택권이 있다. 코란의 특정한 부분을 외우면, 보호받을 것이다. 특별히 코란의 '카우(The Cow)장'의 첫 열 구절을 외워야 한다.17) 그러면 보호받을 수 있을 것이다.

요한계시록 13장에는 능력을 가진 한 짐승이 다른 짐승의 형상에게 생명을 주는 상황이 묘사되어 있다. 그 짐승은 모든 사람으로 하여금 그 형상에게 경배하도록 강요한다. 모든 사람은 자신의 오른손이나 이마에 표를 받아야 하는데, 그렇지 않으면 물건을 매매할 수가 없다. 또한 바로 다음 장에서는 이마에 숫자 대신 어린 양의 아버지의 이름을 새긴 144,000명의 사람들과 함께 어린 양이 시온 산에 선다.

이슬람교의 가르침에 따르면, 다잘 또한 그의 이마와 눈 사이에 이름이 새겨지는데, 그것은 '이단'이란 의미의 '카피르'(kaafir)이다. 그런데 여기에 함정이 있다. 그것은 바로 진정한 무슬림들만이 그것을 인식할 수 있다는 것이다. 그럼에도 미혹당하는 것을 두려워할 필요가 없다. 왜냐하면 우리가 마흐디의 이름을 알 뿐만 아니라, 다잘의 특징을 알고 있기 때문이다. 그중 가장 많이 인용되는 것이 그의 한쪽 눈이 멀었다는 것이다.

알라의 사자가 말했다. "다잘은 한쪽 눈이 멀었고, 그의 눈 사이에 '카피르'라는 단어가 새겨져 있을 것이다. 그는 그 단어를 'k. f. r.'로 쓸 것이고, 모든 무슬림은 그것을 읽을 수 있을 것이다."[18]

진정한 무슬림은 글을 읽을 줄 모르는 문맹이라도 그것을 알 수 있다. 그러나 글을 읽을 줄 알지만 이슬람교를 믿지 않는 비신자는 그것을 알지 못할 것이다.

중요한 것은 이것이다. '카피르'라는 단어는 문맹이든, 그렇지 않든 믿는 자는 모두 읽게 될 것이다. 그러나 믿지 않는 자는 그가 옥스포드나 하버드에서 교육받았다 할지라도 그것을 읽지 못할 것이다.[19]

하디스에는 모순이 너무 많아서 반드시 확인이 필요하다. 심지어 몇몇 인용문은 진짜가 아니다. 그런 점에서 좀 더 신빙성과 확실성이 필요하다. 그런데 가장 중요한 문제는 하디스 자체가 모순이라는 것이다. 이븐 우마르에 의해 전승된 사히 무슬림 041권 7005번에는 다음과 같이 기록되어 있다.

알라의 사자가 사람들 앞에서 다잘에 대해 언급하였다. "알라는 외눈박이가 아니다. 다잘은 오른쪽 눈이 멀어서 그의 눈은 마치 떠다니는 포도와 같다."[20]

한편 후드할파에 의해 전승된 사히 무슬림 041권 7010번에는 다음과 같이 기록되어 있다.

> 알라의 사자가 말했다. "다잘은 굵은 머리카락을 가진 왼쪽 눈이 먼 자이다. 그에게는 정원과 불이 있을 것이며, 그의 불은 정원일 것이고, 그의 정원은 불일 것이다."21)

그가 두 눈이 멀었다면, 우리 모두가 안전할 것이다! 이슬람교에 따르면, 예수는 신이 아니다. 따라서 누군가가 와서 예수라고 하면서 성전에 앉아 자신이 신이라고 주장한다면, 무슬림들은 그가 바로 다잘이라고 생각할 것이다.

이제 이슬람교, 유대교, 기독교 모두가 다루고 있는 마지막 때의 짐승에 관한 몇 가지 유사점을 살펴보자.

이슬람교의 짐승

이슬람교에서는 마지막 때의 징조로 어느 날 태양이 동쪽이 아닌 서쪽에서 떠오르고, 그 다음 날 짐승이 나타나 땅을 가를 것이라고 가르친다. 코란에서 알라는 다음과 같이 말한다. "그리고 그들(불의한 자들)을 대적하여 말씀이 이루어지면, 땅으로부터 그들에게 (대면하기 위해) 한 짐승이 일어나게 될 것이다. 그가 그들에게 말할 것인데, 왜냐하면 그들은 우리의 징조들에 대해 확신을 가지고 믿지 않았기 때문이다"(수라 27:82).

이와 더불어, 마지막 때의 시나리오에 대해 이슬람교에는 기독교와 몇 가지 비슷한 점이 있다.

다바(Daabba, 성경에서 짐승을 말함)는 일반적으로 유일한 임무를 가진 동물이나 생물로 여겨지는데, 부활의 날의 주요 징조 중 하나로 마지막 때에 나타날 것이다. 그것이 땅으로부터 나타나 머리에서 먼지를 털어낼 것이다.

그것은 솔로몬의 반지와 모세의 지팡이를 갖게 될 것이다. 사람들이 그것을 두려워하여 도망하고자 하나 그럴 수 없을 것이다. 왜냐하면 그것이 알라의 선언이기 때문이다. 그것은 모든 비신자들의 코를 지팡이로 치고, 그들의 이마에 '카피르'(비신자)라고 새길 것이다. 그리고 모든 믿는 자의 얼굴을 장식하여 그들의 이마에 '무민'(Mu'min, 신실한 신자)이라고 새기고, 사람들과 말하게 될 것이다.

아부 주바이르는 다바에 대하여 "그 머리는 황소, 눈은 돼지, 귀는 코끼리, 뿔은 수사슴, 목은 타조, 가슴은 사자, 무늬는 호랑이, 옆구리는 고양이, 꼬리는 숫양, 발과 다리는 낙타 같을 것이고, 모든 마디 사이의 길이는 12규빗이다"라고 하였다.[22]

이슬람교에서 예수는 '이사'(Isa)로 알려져 있다. 한 이슬람교 웹사이트에서는 실제 오실 예수가 두 명이라고 말한다. 가짜 예수는 유대인들을 사랑할 것이기 때문에 그들의 메시아라고 주장하며 그들을 변호할 것이다. 그리고 진짜 예수가 있는데, 그는 모든 유대인을 공격하고 죽임으로 그 정체가 확인될 것이다. 가짜는 사람이면서 신이라고 주장하는 것으로 증명될 것이고, 결국은 많은 무슬림들을 속여 이슬람교를 떠나게 할 것이다.[23]

곡과 마곡

이슬람교에서 곡과 마곡은 야주(Ya'jooj)와 마주(Ma'jooj)로 알려져 있다. 알-나와스 이븐 사마안은 무함마드가 심판의 날의 징조에 대해 묘사할 때, 다음과 같이 말했다고 전한다.

> 알라는 모든 야주와 마주를 보낼 것인데, 사방에서 재빠르게 모을 것이다. 그들은 (팔레스타인에 있는) 디베랴 호수를 지나면서 거기에 있는 모든 것을 마셔 버릴 것이다. 그러면 그들의 마지막 무리는 지나가면서 "한때는 이곳에 물이 있었는데"라고 말할 것이다. 알라의 선지자인 이사(예수)와 그의 동료들은 황소의 머리가 오늘날의 100디나르(이란, 이라크 등지의 화폐 단위 - 역자 주)보다 더욱 귀하게 될 때까지 포위를 당할 것이다. 이사(예수)와 그의 동료들은 알라에게 기도할 것이고, 알라는 (낙타와 양의 코에서 볼 수 있는 것과 같은) 벌레를 그들(야주와 마주)의 목에 보내어 그들

은 모두 한꺼번에 죽어 쓰러질 것이다. 그러면 이사(예수)와 그의 동료들이 포위된 곳에서 나올 것이고, (야주와 마주의) 냄새로 가득한 땅이 한 줌도 되지 않는 것을 발견하게 될 것이다. 그래서 이사(예수)와 그의 동료들은 알라에게 기도할 것이고, 그는 낙타의 목과 같은 새들을 보내어 그것들을 거두어 알라가 원하는 곳으로 던져 버릴 것이다.[24]

이것은 에스겔서와 요한계시록에 언급된 독수리 떼와 매우 비슷하다!

이 장의 내용을 요약하면, 다음과 같다.

- 예수가 (무슬림으로) 재림하여, 가짜 예수를 죽인다.

- 그들에게는 마흐디라고 알려진 메시아가 있는데, 그의 이름은 무함마드일 것이고, 그의 아버지의 이름은 압둘라, 어머니의 이름은 아미나일 것이다. 그는 예수와 동반하여 샤리아로 알려진 이슬람 법을 가져와 제정할 것이다.

- 다잘로 알려진 적그리스도의 형상이 있을 것인데, 양쪽 눈이 다 멀어 보일 것이다. 그는 유대인들을 사랑하고 신성을 가졌다고 주장하는 가짜 예수이다(무슬림의 견해로, 그들의 적그리스도는 유대인들이 메시아로 믿는 자가 될 것이다). 그는 기적적인 능력을 가지고 있지만, 무슬림들은 다마스쿠스, 메카, 메디나와 같은 도피성으로 도망갈 수 있다. 그의 이마에는 '이단'이라는 의미의 '카피르'라는 단어가 새겨져 있을 것이다.

- 땅으로부터 올라오는 다바라고 알려진 짐승이 비신자들의 이마에는 '카피르'를, 신자들의 이마에는 '무민'이라고 새길 것이다.

- 곡과 마곡에서 마지막 전쟁이 일어날 것이다.

이것이 마지막 때가 어떻게 펼쳐질 것인가에 대한 무슬림들의 견해를 이해하는 데 도움이 되기를 바란다.

4장
마지막 때에 대한 기독교적 견해

기독교 안에 예수님이 언제 그리고 어떻게 재림할지, 그 일이 한순간에 또는 예정된 시간에 순차적으로 일어날지에 대한 다양한 견해가 있다. 이 모든 견해를 다룰 수는 없으므로, 몇 가지만 언급하겠다. 마지막 때에 대한 가르침에는 무천년설, 후천년설, 역사적 전천년설, 세대주의적 전천년설이 있다.

- 무천년주의자들은 마지막 때의 일들이 벌써 믿음으로 성취되었다고 본다. 이들에게 교회는 이스라엘의 종말론적 성취이다.
- 후천년주의자들은 대부분의 세상 사람들이 기독교인이 될 천년왕국의 끝에야 그리스도의 재림이 있을 것으로 본다. 그들 또한 교회를 이스라엘의 성취로 간주한다.

- 역사적 전천년주의자들은 그리스도의 재림이 대환난 후와 천년왕국 이전에 있을 것으로 본다. 이들 중 몇몇 사람들은 교회를 이스라엘의 성취로 본다.

- 세대주의적 전천년설을 주장하는 자들은 그리스도의 재림이 7년 환난 전에 있을 것으로 보고, 천년왕국을 위해 그가 다시 올 것이라고 믿는다. 그들은 교회와 이스라엘을 대속적인 계획을 가진 개별 주체로 간주한다. 따라서 이들 사이에 죽은 자의 부활이 언제 있을 것인가에 대한 견해 차이가 있다. 그것이 그리스도의 재림과는 다른 사건인가? 그렇다면, 하나님의 심판 전인가, 대환난 전인가, 대환난 중간인가, 대환난 후인가, 또는 범(汎)환난, 즉 모든 것이 잘 결론지어질 때인가?

마지막 때와 메시아의 강림과 관련해서 기독교인들은 그것을 그분의 두 번째 오심으로 믿는다. 전통적인 기독교인들은 메시아가 2천여 년 전에 마구간에서 태어나심으로 초림하셨으며, 이 시대의 끝에 선과 악의 마지막 싸움이 있을 것이라고 믿는다.

그때에 적그리스도와 거짓 선지자들이 세상을 다스리려 할 것이고, 기독교의 메시아인 예수님이 다시 오셔서 세상을 정복하고 의롭게 죽은 자들을 일으키신 뒤 그의 백성을 전 세계에서 모으실 것이다. 그들은 새 몸을 받아 천 년 동안 그분과 함께 세상을 다스리고 통치할 것이다. 그것은 새로운 몸을 입은 자들이 대환난에서 살아남았지만 여전히 이 땅의 몸만 가지고 있을 자들을 다스리는 전대미문의 평화의 시대일 것이다.

기독교는 세계의 종교가 될 것이고, 예루살렘은 예수 그리스도의 통치의 중심지가 될 것이다. 그리고 천 년 후 두 번째 반란이 있을 것인데, 그것은 속히 진압되고 이 땅에 살았던 모든 인류에 대한 최후의 심판이 있을 것이다. 이후 새 하늘과 새 땅이 임할 것이다.

요한계시록에 기록되어 있는 마지막 때의 시나리오를 간략하게 살펴보면 다음과 같다.

- 6장 – 일곱 인이 떼어지고, 네 명의 말 탄 기수가 땅을 두루 돌아다닌다.
- 7장 – 이스라엘 열두 지파 중 144,000명이 인침을 받게 된다.
- 8장 – 일곱 나팔이 울린다.
- 11장 – 두 증인이 하나님을 대신해서 3년 반 동안 증언하고 나면 무저갱에서 올라온 짐승이 그들을 죽인다.

이 장은 불과 불이 싸우는 싸움에 대해 말한다. 두 사람은 입에서 나오는 불과 유황으로 짐승을 삼키고, 그들을 해하려는 자들도 죽임을 당할 것이다. 9절에 따르면, 모든 족속과 언어와 민족에서 나온 자들이 그들의 죽음을 기뻐한다. 왜냐하면 그들이 땅에 거하는 모든 자에게 고통을 주었기 때문이다. 그러나 사실 비를 그치게 하고, 물을 피로 변하게 하며, 땅에 재앙을 가져오고, 그들을 대적하는 모든 사람을 죽이고 괴롭힌 두 사람은 좋은 사람들이었다!

양쪽 다 모든 사람에게 해를 끼치고 죽인다면, 세상 사람들이 어떻게 좋은 사람과 나쁜 사람을 알 수 있겠는가? 특히 이슬람 신학에서 그들의 마흐디가 유대인들을 미워하는 '진짜 예수'와 함께 유대인을 사랑하는 '가짜 예수'와 싸운다고 하는 관점에서 볼 때 더욱 그렇다. 그들의 진짜 예수가 가짜 예수를 죽이는데, 실제로 그 가짜 예수는 두 명의 증인 중 하나일 수 있다. 이것이 사람들에게 얼마나 큰 혼동을 야기할지 상상할 수 있는가? 이 부분은 앞으로 더 살펴볼 것이다.

- 12장 – 하나님의 명령을 지키고 메시아인 예슈아의 증언을 가진 자들과 용이 전쟁을 한다.

- 13장 – 바다에서 짐승이 나오고, 그 짐승이 모든 족속과 민족, 방언에 대해 권위를 취하는 동안 사람들이 짐승과 용을 숭배한다. 이어서 다른 짐승이 땅에서 일어나 처음 짐승의 형상을 만든다. 그는 모든 사람으로 하여금 그 형상을 숭배하고 그들의 오른손이나 이마에 표를 받게 하는데, 그것이 없이는 물건을 사거나 팔지 못할 것이다. 이것이 바로 기적을 행하고 땅의 거민들을 속이는 거짓 선지자이다.

또한 성경은 적그리스도가 허풍쟁이이며 하나님을 모욕하는 자라고 말한다. 그는 파괴적이고 하나님의 전을 더럽히며, 속이고 왜곡하며, 믿는 자들을 핍박할 것이다. 그는 오랜 전통을 무시하고, 전쟁에 대한 욕망이 강한 자이다. 그때에 전 세계적인 전쟁이 일어나 세계 인구의 절반이 죽을 것이다.

- 15장 – 땅에 일곱 재앙이 임한다.

- 16장 – 일곱 천사들에 의해 일곱 가지 진노의 잔이 부어진다.

- 19장 – 예슈아가 모든 부활한 기독교인과 함께 돌아와 아마겟돈 전쟁을 한다.

- 20장 – 천년왕국 기간 동안 마귀가 묶임을 받고 위대한 백보좌 심판으로 결말이 난다.

- 21장 – 새 하늘과 새 땅이 임하고, 결국 모든 것이 잘 마무리된다.

유대인들의 반박에 답하기

예슈아가 그들의 메시아라는 것을 믿지 않는 이유를 설명하는 다양한 유대인들의 반박이 있다. 나는 그중에서도 아셀 노만의 저서인 《유대인들이 예수를 믿지 않는 26가지 이유》에 나오는 세 가지 반박에 대해 답하고자 한다.

먼저 이 주제에 대해 다루는 책들이 많고, 반박과 그에 대한 답이 포괄적이지 않다는 것을 기억하기 바란다. 또한, 내가 예슈아라는 이름의 예수님이 메시아이고, 그가 동정녀에게서 태어났으며, 그의 이름이 "하나님이 우리와 함께 하신다"는 의미의 '임마누엘'이라는 것(마 1:23)을 전적으로 믿고 있다는 것도 기억하기 바란다!

하나님은 자신을 사람으로 나타낼 수 없는 것인가?

노만의 주장 중 하나는 민수기 23장 19절을 근거로 한 것이다. "하나님은 사람이 아니시니 거짓말을 하지 않으시고." 성구를 인용하는 데 있어서 문제는 "내가 찾은 구절이 네가 찾은 구절보다 낫다"라고 우기는 것이다.

출애굽기 15장 3절은 "여호와는 용사시니 여호와는 그의 이름이시로다"라고 선포한다. 이 구절은 구체적인 하나님의 이름을 사용하고 있다. 분명히 창조의 하나님은 영원에 거하시며, 피조물 안에 갇힐 수가 없고, 그 위에 계신다. 여기에서 질문은 "성경의 하나님이 피조물과 관계하기 위해 자신을 인간의 형태로 나타내길 원하시는가?"이다. 인간은 절대 하나님이 될 수 없지만, 하나님이 인간으로 나타나셨던 적은 있는가?

중재자가 필요한가?

노만은 하나님과 인간 사이에 중재자가 필요하지 않다고 말한다. 그러나 나의 생각은 다르다. 중재자가 필요하지 않다면, 제사장직의 목적은 무엇인가? 사무엘상 2장 25절에서 엘리는 그의 두 아들을 꾸짖으며 사람이 다른 사람에게 죄를 지으면 재판관이 상황을 판단할 수 있지만, 인간이 하나님께 죄를 지으면 양쪽을 공정하게 대변할 자가 있겠느냐고 말한다.

또한 욥기 9장 32-33절에서 욥이 동일한 불평을 하는 것을 볼 수 있다. 그는 인간과 하나님 사이의 차이를 이해하고 있었다. 욥은 단순하게 하나님이 사람이 아니시므로 함께 재판을 받으러 갈 수도 없고, 양쪽을 중재할 자가 없을 것이라고 말한다. 나는 두 가지 상황 모두 인간과 하나님 사이를 공정하게 판결할 누군가를 찾고 있다고 생각한다.

하나님이 자신을 인간의 형태로 나타내셨는가?

창세기 18장에서 히브리어 '야훼'(יהוה)로 표현되는 여호와가 아브라함에게 나타나셨다. 아브라함 앞에 선 세 사람 중 한 분이 창조주 하나님이셨다. 아브라함은 "내 주여 내가 주께 은혜를 입었사오면 원하건대 종을 떠나 지나가지 마시옵고 물을 조금 가져오게 하사 당신들의 발을 씻으시고 나무 아래에서 쉬소서"(3-4절)라고 말한다.

영어 성경에는 "내 주여"라고 되어 있지만, 그것은 히브리어 문법에 어긋나는 것이다. 정확한 번역은 "나의 주들이여"이다. 히브리어에서 접미사 'im'은 복수형이다. 히브리어 '엘로힘'(Elohim)은 영어 성경에서 자주 단수로 번역되는데, 그것이 'im'으로 끝나기 때문에 분명 복수형이다! 또한 소유격 접미사 'ai'는 항상 '나의'(my)를 의미하는 남성 복수 명사로 끝나고 있다. 이것은 다음과 같이 대니 벤-지지 박사의 히브리어 문법표에서 확인할 수 있다. 특별히 'Adon'과 'Adonim'을 주의해서 보자.

Adonim(주들, אֲדֹנִים)의 소유격			Adon(주, אָדוֹן)의 소유격				
의미	발음	복수	의미	발음	단수		대명사
내 주들	Adonai	אֲדֹנָי	내 주	Adoni	אֲדֹנִי	I	אֲנִי
당신의 주들 (남성단수)	Adonecha	אֲדֹנֶיךָ	당신의 주 (남성단수)	Adoncha	אֲדוֹנְךָ	you (남성단수)	אַתָּה

당신의 주들 (여성단수)	Adonayich	אֲדֹנַיִךְ	당신의 주 (여성단수)	Adonech	אֲדוֹנֵךְ	you (여성단수)	אַתְּ
그의 주들	Adonav	אֲדֹנָיו	그의 주	Adono	אֲדוֹנוֹ	he	הוּא
그녀의 주들	Adoneyha	אֲדֹנֶיהָ	그녀의 주	Adona	אֲדוֹנָה	she	הִיא
우리의 주들	Adoneynu	אֲדֹנֵינוּ	우리의 주	Adonenu	אֲדוֹנֵנוּ	we	אֲנַחְנוּ
당신의 주들 (남성복수)	Adoneychem	אֲדֹנֵיכֶם	당신의 주 (남성복수)	Adonchem	אֲדוֹנְכֶם	you (남성복수)	אַתֶּם
당신의 주들 (여성복수)	Adoneychen	אֲדֹנֵיכֶן	당신의 주 (여성복수)	Adonchen	אֲדוֹנְכֶן	you (여성복수)	אַתֶּן
그들의 주들 (남성복수)	Adoneyhem	אֲדֹנֵיהֶם	그들의 주 (남성복수)	Adonam	אֲדוֹנָם	they (남성복수)	הֵם
그들의 주들 (여성복수)	Adoneyhen	אֲדֹנֵיהֶן	그들의 주 (여성복수)	Adonan	אֲדוֹנָן	they (여성복수)	הֵן

여호와는 자신을 인간으로 나타내실 수 있다. 창세기 18장 22-23절에서 아브라함은 그분과 대면하여 긴 시간 대화하였다.

하나님이 원하신다면, 육체를 통해 자신의 임재를 나타내신다. 그분은 불타는 떨기나무 가운데서 모세에게 나타나셨고, 이스라엘을 위해 불기둥과 구름 기둥으로 자신의 임재를 나타내셨다. 성경은 모세가 친구에게 말하듯 여호와와 대면하여 이야기했다고 말한다. 사사기 13장에서는 마노아가 여호와를 보았다. 이처럼 성경에서 하나님 임재의 구체적 사례가 반복적으로 발견된다.

가나안 정복을 앞두고 만군의 여호와의 군대 장관이 거룩한 땅에 서 있는 여호수아에게 신을 벗으라고 하였다. 이것은 하나님께서 모세에게 말씀하셨을 때 사용된 것과 동일한 표현이다. 여호수아는 얼굴을 땅에 대고 그 앞에 계신 분께 예배하였는데, 이러한 행동은 하나님이 인간의 눈에 보이는 모습으로 나타나셨을 때에만 보일 수 있는 반응이다.

이제 다음 질문으로 넘어가 보자. 여호와가 자신을 인간으로 나타내실 수 있다면, 언제 인간으로 오실 것인가?

동정녀 탄생

이사야 7장 14절은 처녀가 잉태하여 아들을 낳을 것이며, 그 이름을 임마누엘이라 할 것이라고 말한다. 임마누엘은 '하나님이 우리와 함께 하신다'는 의미이다. 유대 출판협회에서 펴낸 히브리 성경 타나크는 이 구절에서 처녀를 '젊은 여인'이라고 표현하는데, 히브리어로는 '알마'(almah)이다. 유대교에서는 이것이 처녀가 아닌 젊은 여인을 의미하는 것으로, 처녀를 표현하는 더 나은 단어가 있다고 말한다. 바로 '베투라'(betulah)인데, 이것은 창세기에서 이삭의 아내로 선택된 리브가를 지칭할 때 사용되었다.

> 그 소녀는 보기에 심히 아리땁고 지금까지 남자가 가까이 하지 아니한 처녀더라 그가 우물로 내려가서 물을 그 물동이에 채워가지고 올라오는지라 (창 24:16)

이어지는 내용에서는 리브가를 다르게 표현한다.

> 내가 이 우물 곁에 서 있다가 젊은 여자가 물을 길으러 오거든 내가 그에
> 게 청하기를 너는 물동이의 물을 내게 조금 마시게 하라 하여 (창 24:43)

이 구절에 쓰인 젊은 여자에 해당하는 히브리어는 '알마'인데, 우리는 이미 그녀가 처녀인 것을 알고 있다. 어원학적으로 알마는 자궁이 아이를 숨기듯 '숨기다' 또는 '감추다'를 의미하는 동사에서 파생된 것으로, 결혼한 여자를 지칭할 때 사용하지 않는다. 당신은 다음 구절에 익숙할 것이다.

> 이는 한 아기가 우리에게 났고 한 아들을 우리에게 주신 바 되었는데 그
> 의 어깨에는 정사를 메었고 그의 이름은 기묘자라, 모사라, 전능하신 하
> 나님이라, 영존하시는 아버지라, 평강의 왕이라 할 것임이라 그 정사와 평
> 강의 더함이 무궁하며 (사 9:6-7)

사해 원본으로 이 구절을 보면, 놀라운 사실을 발견하게 된다. 그것은 다른 어느 곳에서도 나타나지 않은 히브리어의 변형이다. 이것을 이해하기 위해 먼저 영어로 문장을 시작할 때 소문자와 대문자를 구별하여 사용한다는 것을 생각하기 바란다. 예를 들어, 문장을 시작할 때는 소문자 m이 아닌 대문자 M을 사용하는 것과 같다. 히브리어로 영어의 소문자 m은 '멤'(מ)이지만, 그것이 단어의 끝에 오게 되면 '멤'(ם)으로 바뀌는데, 왼쪽 아랫부분이 닫힌 것이 다르다.

이사야 9장 6-7절에서 "정사의 더함이 무궁하며"는 히브리어로 '르

마르베'(l'marbeh)이며, 정확한 철자는 'למרבה'이다. 여기서 '멤'(מ)은 왼쪽 아래가 열려 있다. 그러나 사해 원본을 포함한 다수의 다른 성경 원본에는 그런 식으로 기록되어 있지 않다! 그것은 닫힌 '멤'(ם)인 'לםרבה'로 기록되어 있다!

이것이 왜 중요한지 설명하겠다. 글자 '멤'(mem)은 물을 뜻하는 '마임'(mayim)을 나타내기도 한다. 현자들은 열린 '멤'(מ)과 닫힌 '멤'(ם)을 아이가 태어날 때 양수가 쏟아져 나오듯 열린 자궁과 닫힌 자궁에 비유된다고 말한다. 여기서 닫힌 자궁은 불임의 의미를 함축한다.

이사야 9장 6절에 대한 유명한 주석가인 라닥의 주석에 따르면, 랍비들은 대속의 때가 되면 이사야서의 '르마르베'(לםרבה)의 닫힌 '멤'(ם)이 메시아의 오심을 위해 열린다고 가르쳤다. 유대인 지도자들이 이 구절을 초자연적 탄생에 대한 기대감을 가진 메시아 구절로 여기는 것에는 의심의 여지가 없다. 여기에서 우리는 처녀 마리아의 닫힌 자궁이 대속의 때에 열리는 것을 보게 된다!

몇몇 사람들은 이사야 7장 14절과 9장 6-7절이 히스기야를 언급한다고 말한다. 하지만 산헤드린 94a로 알려진 탈무드의 해당 부분에서는 "왜 '멤'이 닫혔는가?"라고 질문한다. 거기에는 거룩하신 이가 히스기야를 메시아로 지명하길 바라셨다고 쓰여 있다. 그러나 '정의의 속성'(Attribute of Justice, 산헤드린 94a에서 의문을 제기하는 인격화된 존재 - 역자 주)은 이렇게 말했다. "만약 그렇게 많은 찬송과 시를 읊었던 다윗을 메시아로 만들지 않았다면, 어떻게 (찬송 하나도 쓰지 않은) 히스기야를 (메시아로) 임명할 수 있겠는가?"[1] 그렇다면 그들도 그것이 히스기야에 대한 언급일 수 없다고 주장하는 것이다.

나는 초자연적인 신성한 탄생을 믿는다. 예슈아는 육체로 나타나신 기록된 토라, 하나님의 말씀이다. 이제 우리에게 양쪽을 대변해 줄 중재자가 생긴 것이다!

하나님에게는 아들이 있는가?

이슬람교에서는 알라에게 아들이 없다고 주장한다. 유대교 또한 성경의 하나님에게 아들이 없다고 주장한다. 그러나 기독교는 그들과 의견이 다르다. 이와 관련해서 선호하는 두 개의 성경 구절에 근거해서 의견을 펼칠 것인데, 하나는 시편이고 또 하나는 잠언서이다.

유대 출판협회의 1917년 성경본에는 시편 2편 7절이 다음과 같이 기록되어 있다. "내가 칙령을 말하리라. 주께서 나에게 '너는 내 아들이라, 이날 내가 너를 낳았도다'고 말씀하셨다."

이 구절은 하나님 자신이 아들을 낳았다는 의미를 함축하고 있다. 이것이 이스라엘을 말한다고 가르치는 이들도 있는데, 많은 유대인 학자들은 이것이 또한 메시아를 가리킨다고 말한다. 랍비 이츠학 샤피라는 그의 책 《코셔 돼지의 귀환》에서 랍비 예후다 하욘의 《오짜롯 아하릿 하야밈》(Otzarot Acharit Hayamim)을 인용하였다.

"이날 내가 너를 낳았도다"라고 기록되었듯이, 대속의 날은 또한 메시아

109

탄생의 날로 불린다. 메시아가 벌써 이 세상에서 발견되었다 할지라도, 그가 태어난 날은 그의 네샤마(neshama, 영)의 탄생을 말한다. 그의 네샤마가 '메시아의 홀' 또는 '새의 보금자리'로부터 (하늘로부터) 내려와서 메시아가 될 자격이 있는 짜딕(Tzaddik, 유대교에서 의인을 가리키는 말 - 역자 주)의 몸으로 들어간다. 이것을 메시아가 다시 태어나는 것으로 간주하는데, 즉 네샤마가 메시아에게 놀라운 능력을 주어 그는 새로운 피조물이 된다.

랍비가 말하려는 요지는 메시아의 근원은 위의 하늘로부터이고, 그의 탄생은 초자연적인 탄생을 나타낸다는 것이다. 더욱 중요한 것은 그의 영이 하늘로부터 내려왔고, 그가 벌써 땅에 있기 때문에 그의 영이 무소부재하다는 것이다. 어떻게 인간의 영이 하늘과 땅에 동시에 있을 수 있는가? 마지막 대속자에 대한 랍비의 설명이 사실이라면, 메시아의 진정한 근원에 대한 고민을 피할 수 없다.[2)]

랍비 샤피라 또한 그의 책에서 다음과 같이 말했다. "메시아의 본성에 대한 유대교의 생각과 사상은 매우 다양한 것이 분명하다. 나는 모든 유대교가 '신성을 가진 메시아'의 개념을 받아들여야 한다고 주장하는 것은 아니지만, '신성을 가진 메시아', '재림' 등과 같은 '기독교' 개념이 유대교 안에 존재한다는 것은 분명하다."

시편 110편 4절에는 "여호와는 맹세하고 변하지 아니하시리라 이르시기를 너는 멜기세덱의 서열을 따라 영원한 제사장이라 하셨도다"라고 기록되어 있다. 이 부분에 대해 랍비 긴즈버그는 시편 110편 3-4절에 대한 주석인 '메시아의 만찬'(The Meal of the Messiah)에서 다음과 같이 말한다.

> 시편 2편 7절과 110편 3-4절을 연결하는 놀라운 힌트가 있는데, 그것은 메시아 왕에 관한 것으로, 두 구절 다 동일한 히브리어 단어를 사용하고 있다. 많은 전통에서 시편 110편은 두 번째 요드(Yud)가 없는 'ילדתך'란 용어를 사용한다. 그러나 시편 2편 7절에서는 "너는 내 아들이라 오늘 내가 너를 낳았도다"(옐리드티카, Yaldotecha)라고 하면서 두 개의 요드(Yuds)를 사용하여 그 단어의 철자를 표기하고 있다.

랍비 긴즈버그는 시편 2편 7절을 메시아 구절로 간주하고, 그것을 메시아로서 하늘에 앉아 있는 대제사장과 동일시하기 위해 시편 110편과 연결한다. 그는 메시아가 이스라엘의 영원한 대제사장으로 높여진다고 제안한다. 어떻게 인간이 영원한 대제사장이 될 수 있는가?

바로 전 구절인 시편 2편 6절을 보자. "내가 나의 왕을 내 거룩한 산 시온에 세웠다." 이 구절 다음에 7절이 온다. "내가 여호와의 명령을 전하노라 여호와께서 내게 이르시되 너는 내 아들이라 오늘 내가 너를 낳았도다." 이것은 메시아를 말한다.

이어서 이사야 24장 23절은 이렇게 말한다. "그 때에 달이 수치를 당하고 해가 부끄러워하리니 이는 만군의 여호와께서 시온 산과 예루살렘에서 왕이 되시고 그 장로들 앞에서 영광을 나타내실 것임이라." 주님 스스로 왕이 되실 것이다. 그러므로 메시아는 주님 자신인 것이다.

누가 아들인가? 많은 사람들이 이 용어가 총체적인 이스라엘을 말한다고 주장하며 출애굽기 4장 22-23절을 언급한다. "너는 바로에게 이르기를 여호와의 말씀에 이스라엘은 내 아들 내 장자라 내가 네게 이르기를 내 아들을 보내 주어 나를 섬기게 하라 하여도 네가 보내 주기를 거절하니 내가 네 아들 네 장자를 죽이리라 하셨다 하라 하시니라."

나만의 아들 랍비 모세에 의하면, 아버지들에게 일어났던 모든 일은 그들의 후손들에게 일어날 일들의 징조이다. 자, 메시아는 분명 후손 중 한 사람이다!

호세아 11장 1절에는 이렇게 기록되어 있다. "이스라엘이 어렸을 때에 내가 사랑하여 내 아들을 애굽에서 불러냈거늘." 이것은 다음의 말씀에서 언급하는 예언이다. "헤롯이 죽기까지 거기 있었으니 이는 주께서 선지자를 통하여 말씀하신 바 애굽으로부터 내 아들을 불렀다 함을 이루려 하심이라"(마 2:15).

하나님의 아들은 이스라엘과 메시아 둘 다를 의미한다. 그것은 하나의 모형이다.

- 아버지들이 애굽으로 갔던 것처럼 이스라엘이 애굽으로 가고, 메시아도 애굽으로 간다.

- 이스라엘이 거절당하며 열방으로 보내졌고, 메시아도 거절당하며 열방으로 보내진다.

- 이스라엘이 거절당하며 무시당하였고, 메시아도 거절당하며 무시당한다.

- 이스라엘이 파괴되었다가 부활되었고, 메시아도 죽었다가 부활했다.

- 이스라엘이 세상의 무대로 복귀한 것처럼, 메시아도 조만간 세상의 무대로 복귀할 것이다.

여기에서 기독교인들이 신뢰하는 메시아의 신성을 유대인들이 믿지는 않지만, 메시아가 특별한 기름부음을 가졌음을 인정한다는 것을 지적해야겠다('기름부음을 받다'를 의미하는 히브리어 '마시아흐'에서 '메시아'라는 단어가 왔다는 것을 기억하라).

내가 좋아하는 또 다른 성경 구절은 잠언 30장 4-6절이다. "하늘에 올라갔다가 내려온 자가 누구인지, 바람을 그 장중에 모은 자가 누구인지, 물을 옷에 싼 자가 누구인지, 땅의 모든 끝을 정한 자가 누구인지, 그의 이름이 무엇인지, 그의 아들의 이름이 무엇인지 너는 아느냐 하나님의 말씀은 다 순전하며 하나님은 그를 의지하는 자의 방패시니라 너는 그의 말씀에 더하지 말라 그가 너를 책망하시겠고 너는 거짓말하는 자가 될까 두려우니라."

마태복음 3장 16-17절에서 하나님의 영이 비둘기같이 예슈아에게 내려왔고, 하늘에서 "이는 내 사랑하는 아들이요"라는 소리가 났다는 것을 기억하라. 나는 예슈아가 하나님의 아들임을 믿는다.

기독교에서 메시아는 인간보다 더 높여진다. 그는 육체로 나타난 하나님이시다. 다니엘은 다음과 같은 환상을 보았다. "인자 같은 이가 하늘 구름을 타고 와서 옛적부터 항상 계신 이에게 나아가 그 앞으로 인도되매"(단 7:13). 한 남자가 하늘로부터 내려왔다는 이 구절과 그 다음의 "그에게 권세와 영광과 나라를 주고 모든 백성과 나라들과 다른 언어를 말하는 모든 자들이 그를 섬기게 하였으니"(14절)라는 내용을 어떻게 이해할 것인가? 성경은 계속하여 그의 권세는 소멸되지 아니하는 영원한 권세요, 그의 나라는 멸망하지 아니할 것이라고 말한다.

우리는 요한계시록에서 요한이 "볼지어다 그가 구름을 타고 오시리라 각 사람의 눈이 그를 보겠고 그를 찌른 자들도 볼 것이요 땅에 있는 모든 족속이 그로 말미암아 애곡하리니 그러하리라 아멘"(계 1:7)이라고 선포할 때, 동일한 일이 일어나는 것을 보게 된다. 놀랍게도 유대인 현자들은 메시아가 올 때에 이스라엘이 그분을 받아들일 만하지 못하면, 그가 나귀를 타고 오실 것이고, 그들이 메시아를 받아들일 만한 자격이 된다면, 그가 구름을 타고 오실 것이라고 가르친다(예수님을 메시아로 믿는 우리는 그분이 두 가지 예언을 다 성취하신다는 것을 알고 있다).

스가랴 4장에서 다음과 같이 주님의 말씀이 스룹바벨에게 임하였다. "그가 내게 대답하여 이르되 여호와께서 스룹바벨에게 하신 말씀이 이러하니라 만군의 여호와께서 말씀하시되 이는 힘으로 되지 아니하며 능력으로 되지 아니하고 오직 나의 영으로 되느니라 큰 산아 네가 무엇이냐 네가 스룹바벨 앞에서 평지가 되리라 그가 머릿돌을 내놓을 때에 무리가 외치기를 은총, 은총이 그에게 있을지어다"(슥 4:6-7).

랍비의 자료집인 《얄굿 쉬모니》(Yalgut Shimoni)에 메시아에 대한 참고 문헌이 있는데, "큰 산아 네가 무엇이냐"를 설명하면서 '큰 산'이 되는 분에 대해 언급하고 있다. "이것은 왕 메시아를 말한다. 왜 그분이 자신을 '큰 산'으로 부르는가? 왜냐하면 '내 종은 높고, 높아질 것이며, 매우 높아질 것이다'라고 했듯이, 그가 족장들보다 더 위대하시기 때문이다. 그분은 아브라함보다 높고 … 모세보다 높아질 것이며 … 사역하는 천사들보다 높아질 것이다."[3]

마지막 때에 대한 기독교적 관점의 역사로 조금 더 깊이 들어가 보자.

5장
대체신학

 '예수'에 대한 이미지 검색을 하면, 스페인계 예수, 아프리카계 예수, 백인계 예수를 볼 수 있다. 그리고 온라인으로 '아기 예수'를 검색하면, 중국인 어머니와 아기, 유럽 어머니와 아기, 미국 원주민 어머니와 아기 등 다양한 이미지들을 볼 수 있다. 우리는 그분을 우리의 형상으로 만들려고 할 것이 아니라, 우리가 그분의 형상대로 창조되었다는 것을 기억해야 한다.
 예수님의 이미지를 형상화하는 것에 대해 모든 나라와 문화권의 기독교 교파가 서로 다른 관점을 가지고 있다. 나는 그가 분홍색 옷을 입고 헬라어 성경을 들고 있는 그림도 보았다. 그리고 거의 모든 그림에서 그의 손가락 마디들이 구부러져 있는데, 마치 손에 심각한 관절염을 앓고 있는 것처럼 보일 정도다! 이렇듯 예수님에 대해 저마다 다른 이미지를 가지고 있는데, 어떻게 그분을 알아볼 것인가? 사람들이 치열하게 싸우는 가운데 어떻게 적그리스도와 거짓 선지자들 중에서 두 증인을 알아볼 것인가?

미혹당하고 싶지 않다면, 이러한 것들은 매우 중요한 고려 사항이 된다. 적그리스도가 뿔과 갈퀴를 가지고 나타날 것인가? 성경은 사탄도 빛의 천사로 가장하며, 그의 일꾼들 또한 의의 일꾼으로 가장한다고 말한다(고후 11:14-15).

이번 장에서는 메시아에 대한 기독교적 관점과 관련해서 대체신학에 대해 다룰 것이다. 왜냐하면 대체신학이 핵심으로부터 얼마나 많이 벗어나 있으며, 마지막 때에 대한 신학에 얼마나 많은 영향을 미치는지 정확히 알 필요가 있기 때문이다. 교회가 이스라엘을 대체했다는 견해는 엄청난 결과를 초래했다. 이로 인해 많은 유대인들이 그들을 대체해 버린 유대인 메시아 믿는 것을 어려워한다. 한편 적지 않은 유대인들이 놀라운 구원의 은혜를 이해하기 시작하면서 대체신학이 잘못되었고, 메시아가 아직도 그들과 언약 관계에 있다는 사실을 깨닫고 있다.

과녁에서 1도 정도 빗나가는 것이 그리 대수롭지 않아 보이지만, 2천 마일을 지나고 보면 현격한 차이가 난다는 것을 알 수 있다. 이것은 성경에 대해서도 마찬가지다. 신학이 진리에서 1도 빗나가면, 2천 년이 지나서는 엄청나게 많이 빗나가고 만다! 이것을 증명하는 몇 가지 결과들을 보자.

사도행전 3장 21절은 만물이 회복될 때까지 예슈아가 하늘에 머무셔야 한다고 말한다. 회복되어야 할 가장 핵심적인 것 중 하나는 원래의 예슈아이다. 어느 누구도 가짜를 원하지 않는다. 누가 비싼 예술품을 샀는데, 뒤늦게 진품이 아님을 알게 되길 원하겠는가? 프로 경기 티켓을 샀는데, 그것이 가짜라면 어떻게 되겠는가?

예슈아가 예수가 되었을 뿐만 아니라, 랍비 사울이 사도 바울이 되었고, 야곱이 야고보가 되었다! 원래 성경에 야고보서가 없다는 것을 아는가? 헬라어로 쓰여진 그 책의 첫 구절만 보아도 그가 야곱인 것을 알 수 있다.

대중매체가 편파적인 것을 아는가? 성경을 영어로 번역한 사람들도 그렇다. 성경인물들의 이름이 대체되었을 뿐만 아니라 제사장직이 대체되었고, 예루살렘이 로마로 대체되었으며, 성서력이 대체되었고, 절기들과 안식일이 대체되었으며, 문화마저 대체되었다.

유명한 작품인 '최후의 만찬'에서 다빈치는 빵이 있는 식탁에 앉아 있는 예수님을 그렸는데, 실제로 그것은 무교절에 먹는 마짜였다! 또한 제자들도 비스듬히 앉아 있지 않고 똑바로 앉아 있다. 유월절 예식도 밤 대신 낮에 열리고, 그들은 르네상스 시대의 옷을 입고 있다. 그리고 마짜와 어린 양고기 대신 빵과 물고기가 식탁에 놓여 있다. 심지어 예수님은 분홍색 종류의 옷을 입고 있다. 이 그림에서 무엇이 잘못되었는가? 거의 모든 것이 사실과 다르다. 아주 작은 누룩이 빵 전체를 부풀리듯, 신학의 아주 작은 오류가 얼마든지 전체 신학을 변질시킬 수 있다.

초대 교회의 태도

메시아에 대한 기독교의 개념을 이해하는 가장 좋은 방법은 초대 교회 교부들의 가르침을 보는 것이다. 여기에 몇 가지 예가 있다.[1)]

- 순교자 유스티노(AD 160년 사망)는 한 유대인에게 "성서는 당신들 것이 아니라, 우리의 것이다"라고 했다.
- 리옹의 주교 이레네오(AD 177년 사망)는 "유대인들은 하나님 은혜의 상속권을 박탈당했다"라고 선언했다.
- 터툴리안(AD 160-230년)은 '유대인들을 반박하며'라는 설교문에서 하나님께서 기독교인들을 선호하시고 유대인들을 배척하셨다고 공표하였다.

이것을 하나님의 말씀과 비교해 보자. 민수기 9장은 유월절을 지키기 원했던 몇몇 남자들이 죽은 시신을 만져서 유월절을 지킬 수 없게 된 문제에 대해 다룬다. 모세가 이 문제를 들고 나아가자, 하나님께서는 그들로 두 번째 달 14일에 유월절을 지키게 하셨다. 특정한 상황에서 두 번째 달에 유월절을 지키도록 허락하신 것이다.

이제 당신에게 묻는다. 편리한 것을 행할 것인가, 아니면 하나님이 말씀하신 것을 행할 것인가? 인간의 논리를 따를 것인가, 아니면 하나님의 말씀을 따를 것인가? 대중의 뜻이 중요한가, 아니면 하나님의 말씀이 중요한가? 우리 중 하나님의 말씀을 자기 마음대로 편집하며 하나님이 좀 변하셔야 한다고 말할 자격이 있는 사람이 있는가? 지금까지 살았던 종교 지도자 중 과연 누가 그러한 권위를 가졌다고 생각하는가?

AD 325년 콘스탄틴 대제가 니케아 공회에 참석하지 않은 사람들에게 보낸 편지를 보고, 당시 어떤 일이 일어났는지 알아보자.

> 성스러운 부활절 축제에 관한 질문이 제기되었을 때, 하루 동안 절기를 지키는 것이 편리할 것이라는 의견이 보편적이었습니다 … 모든 절기 중 가장 성스러운 이날을 위해 가장 흉악한 범죄로 손을 더럽히고 생각이 가려진 유대인의 관습을 따르는 것이 합당하지 않다고 선포되었습니다. 우리는 그들의 관습을 거부함으로써, 부활절을 기념하는 합법적인 방식을 후손에게 전할 수 있습니다 … 그러므로 구주께서 다른 방법을 보여 주셨기 때문에 우리는 어떤 것도 유대인들과 공유해서는 안 됩니다. 우리의 예배는 보다 합법적이고 편리한 과정(한 주의 요일의 순서)을 따릅니다. 사랑하는 형제 여러분, 만장일치로 이 방식을 채택함으로 우리를 가증한 유대인 무리와 구별하기 원합니다. 왜냐하면 그들이 자신들의 지시 없이는 우리가 이 절기를 지킬 수 없다고 자랑하는 것을 듣는 것이 매우 수치스럽기 때문입니다. 구주께서 죽으신 후 이성이 아닌 망상과 폭력에 이끌리는 그들이 어떻게 옳은 일을 할 수 있겠습니까? 그들은 부활절 문제에 대한 진리를 모릅니다. 모든 것이 개선되는 것에 대해 눈이 멀고 강한 반감을 가진 그들은 유월절을 같은 해에 두 번 지키기 때문입니다. 우리는 문제가 있는 사람들을 본받을 수 없습니다. 어떻게 착각에 눈이 먼 유대

인들을 따를 수 있겠습니까? 유월절을 1년에 두 번 지키는 것은 절대로 허용할 수 없습니다. 혹여 그렇지 않더라도, 그러한 사악한 사람들(유대인)과 교제함으로 영혼을 오염시키지 않는 것은 여전히 여러분의 의무입니다 … 이 지방에 있는 교회의 수가 다수를 차지할 뿐만 아니라, 우리의 이성적 요구가 옳다는 것과 유대인들과 공통점이 없어야 한다는 것을 고려해야 합니다.2)

참으로 오만하게 들리지 않는가? 4세기 말 콘스탄티노플의 대주교이자 위대한 웅변가인 요한 크리소스톰은 유대인들을 대적하는 여덟 개의 설교 시리즈를 작성하였다. 그는 다음과 같이 말하였다. "회당은 매춘굴이며 극장일 뿐만 아니라, 강도의 소굴이고 야수의 굴이다 … 어떤 유대인도 하나님을 숭배하지 않는다."3) 또한 그는 "유대인은 상습적인 살인자, 파괴자, 마귀에 사로잡힌 사람들"이라고 하면서, 유대인이 아브라함의 후손이 아닌 가인의 후손이라고 주장하고, 유대인에게는 속죄나 용서의 기회가 없다고 믿었다.4)

십자군 전쟁

십자군 전쟁 중에 수많은 유대인들이 목숨을 잃었다. 1096년에 십자군들(또는 '기독교 병사들'이라 부름)은 유럽을 통과하며 '그리스도의 이름으로' 유대인 마을 전체를 쓸어 버렸다. 그리고 그들이 예루살렘을 점령

했을 때, 남녀노소 할 것 없이 모든 유대인을 커다란 회당에 가두고 불을 붙여 산 채로 태워 죽였다. 그들은 회당 주변을 행진하면서 "그리스도시여, 당신을 앙망합니다"라는 찬양을 불렀다.5)

모든 사람이 콜럼버스가 푸른 바다를 항해한 1492년을 기억할 것이다. 그렇지만 그가 유대인이었고, 그 해에 왕의 칙령에 의해 모든 유대인이 스페인에서 추방당했음을 아는 사람은 그리 많지 않을 것이다(이 일 또한 그 상서롭다고 하는 아브월 9일에 일어났다). 이 일은 유대인들이 가톨릭으로의 개종을 강요당하고 그들의 회당이 불탔던 스페인 종교재판 중에 일어났다.

이후 얼마 되지 않아 마틴 루터(1483-1546)의 95개조 반박문에 의해 촉발된 종교개혁이 일어났다. 다음은 유명한 루터의 책인 《유대인들과 그들의 거짓말에 관하여》(On the Jews and Their Lies)에서 발췌한 내용이다.

> 우리 기독교인들이 이 버림받고 저주받은 민족인 유대인들과 상관할 일이 무엇인가? 그들과 같이 살아온 이래, 우리는 그들의 행동에 관대하지 말아야 하며, 이제 그들의 거짓말과 저주와 신성모독을 알았으니 … 나는 다음과 같이 진심 어린 충고를 한다.
> 첫째, 그들의 회당 또는 학교에 불을 놓은 후 타지 않은 것은 흙으로 덮고 묻어야 하는데, 이는 그들의 돌이나 재를 보지 않기 위함이다. 이것을 우리 주님과 기독교의 영광을 위하여 할지니, 하나님께서 우리가 기독교인임을 보시고, 하나님의 아들과 그리스도인에 대한 그들의 공공연한 거짓말, 저주, 신성모독에 우리가 관대하지 않음을 확인하실 것이다.

둘째, 그들의 집 또한 쓸어 버리거나 파괴할 것을 권한다. 대신 그들로 집시들처럼 지붕만 있는 오두막이나 헛간에서 살게 해야 한다. 이것은 그들이 이 나라의 주인이 아니고, 단지 하나님 앞에서 끊임없이 한탄하고 애통해하는 유배 중인 포로라는 사실을 각인시키게 될 것이다.

셋째, 그들의 모든 기도서와 탈무드 관련 저술들, 즉 우상과 거짓말과 저주와 신성모독을 가르치는 것들을 압수할 것을 권한다.

넷째, 유대인 랍비들이 생명과 사지 상실의 고통에 대해 가르치는 것을 금하도록 권고한다. 왜냐하면 그들이 불쌍한 유대인들을 모세의 말로 볼모 잡아 그들의 직무에 대한 권리를 박탈하기 때문이다.

다섯째, 유대인의 통행권을 완전히 폐지할 것을 권면한다. 왜냐하면 그들이 교외에서 사업을 해선 안 되기 때문이다 … 그들로 집에 있게 하라.

여섯째, 나는 … 모든 현금과 금은보화를 그들에게서 빼앗아 금고에 따로 보관할 것을 권한다.

일곱째, 젊고 건강한 유대인 남녀의 손에 도리깨, 도끼, 쟁기, 삽, 실패, 물레 등을 쥐어 주고 아담의 후손에게 부여된 대로 이마에 땀을 흘림으로 빵을 얻게 할 것을 권한다 … 왜냐하면 우리는 저주받은 노동으로 땀을 흘리게 하면서 거룩한 백성인 자기들은 언제든지 난로 뒤에서 잔치를 벌이거나 방귀를 뀌며 게으름을 피우고, 꼭대기에 앉아 기독교의 주인 행세를 하느라 교만하게 거드름 피우는 것이 마땅하지 않기 때문이다.

그들의 회당을 불태우고 … 그들에게 노동을 시키고 엄하게 다뤄서, 모세가 광야에서 이스라엘의 몰살을 막기 위해 3천 명을 죽인 것과 같이 하라. 그들은 분명 자신들이 무엇을 하고 있는지 모른다. 더군다나, 사로

잡힌 백성같이 그들은 그것을 알거나 듣거나 배우려 하지 않는다. 너그러움을 베풀어 그들의 행동을 정당화하는 것은 잘못이다. 만약 이것이 도움이 되지 않는다면, 우리는 그들을 미친개를 대하듯 쫓아내야 한다. 이는 우리가 그들의 역겨운 신성모독과 사악함에 동참하지 않고, 그리하여 그들과 함께 하나님의 진노와 저주를 당하지 않기 위함이다. 나는 나의 임무를 다했다. 이제 모두 각자의 의무를 살펴보라. 나는 이 의무에서 면제되었다.6)

이 글을 읽는 많은 사람들이 "그런 태도는 주님이 원하시는 것이 아니야!"라고 말할 수밖에 없을 것이다. 부디 그러길 바란다!

역사가인 라울 힐버그는 유대인 대학살에 대해 다음과 같은 유명한 말을 하였다. "기독교 포교자들은 '당신들은 우리 가운데 유대인으로 살 권리가 없다'고 했고, 그에 따라 세속적인 권력자들도 '당신들은 우리 가운데 살 권리가 없다'고 하였다. 마침내 독일의 나치주의자들은 '당신들은 살 권리가 없다'고 선포했다."7)

초대 교부들의 반유대주의의 뿌리는 무엇인가? 이제는 그리스 사고방식의 기원을 살펴보자.

6장
그리스 철학의 기원

 이러한 변형은 언제, 어디에서 시작되었는가? 먼저 아테네 출신 정통 그리스 철학가인 소크라테스(BC 469-399)로 시작하겠다. 소크라테스의 글들은 다양한 주제를 다루는데, 그는 서양 철학의 기초를 다진 사람 중 하나로 아테네에 아카데미를 세운 플라톤(BC 423-348)의 멘토였다. 플라톤의 학생으로는 아리스토텔레스(BC 384-322)가 있으며, 아리스토텔레스는 알렉산더 대왕(BC 356-323)의 선생이었다.

 그 뒤를 이어 안티오쿠스 에피파네스 4세(BC 215-164)가 등장하는데, BC 174년부터 자신이 죽은 해인 BC 164년까지 셀레우코스 제국을 다스렸다. 그는 제국의 통치 기반을 강화하기 위해 헬레니즘화된 유대인들(유대 전통을 그리스 문화에 병합한 유대주의를 신봉하는 자들) 편에 섰다. 그리고 그들에게 제우스를 숭배하도록 명령하고, 유대교 제사와 전통을 금하는 칙령을 내렸는데, 이것이 마카베오의 반란을 야기하였다. 결국 유대인들은 종교의 자유를 되찾았고, 예루살렘 성전을 재봉헌하였다. 하누카(수전절)는 이러한 성전 재봉헌을 기념하는 유대 절기이다.

이제는 로마 철학가이자 정치가인 키케로(BC 106-43)로 넘어가자. 로마의 위대한 웅변가로 널리 알려진 그는 로마인들에게 그리스 철학을 소개하였고, 철학 개념들을 번역하여 철학적 어휘들을 제공하였다. 키케로는 그의 정치적 성취가 자신이 위대해지는 데 있다고 믿고, BC 63년 로마 공화국의 집정관으로 선출되기 전부터 다양한 정치적 지위를 차지하였다.

역사가이자 지리학자인 스트라보(BC 63-AD 23)는 17권 분량의《지리학》(Geographica)이라는 책을 썼는데, 이 책에는 그 당시 잘 알려진 여러 지역의 사람들과 장소에 대한 역사가 자세하게 기록되어 있다. 광범위한 지역을 다닌 후 로마에 정착한 스트라보는 이렇게 기록하였다. "다소 사람들은 철학뿐만 아니라 일반적인 교육 전반에 열정적으로 임하였다. 이는 아테네와 알렉산드리아를 비롯하여 철학과 관련된 학파와 강의가 있는 곳으로 알려진 지역들을 능가하기 위해서였다."[1]

사도 바울

이제부터는 스트라보가 예슈아 시대에 살았다는 사실을 염두에 두기 바란다. 그는 다소라는 도시가 그리스 철학을 배우기에는 아테네보다 훨씬 좋은 곳이라고 말한다. 다소 출신으로 교육을 매우 잘 받은 로마 시민권자는 또 누가 있는가? 맞다. 사도 바울이 있다. 그는 사도행전 21장에서 자신이 다소 출신 유대인이라고 말한다. 그리고 그 다음 장에서는 로마 시민권자임을 밝힌다.

길리기아의 다소 출신 바울은 다양한 언어를 구사할 수 있는 사람이었다(성경은 그가 히브리어와 헬라어를 사용했다고 기록한다). 그는 로마 시민권자로서 로마 시민들의 공용어이자 십자가 위의 팻말에 기록된 언어 중 하나인 라틴어를 사용했을 것이다. 또한 그 당시의 공용어였던 아람어도 알았을 것이다. 그는 교육도 잘 받았다. 다소에서 성장하여 그곳에서 교육받은 그는 그리스 철학에 밝았을 것이고 공부도 많이 했을 것이다.

아테네에 도착하여 실라와 디모데가 오기를 기다리던 바울은 유대인과 이방인들이 함께 만나는 회당에 들어가 그들과 토론했다. 그는 매일 상업의 중심지인 시장거리에도 가고, 에피쿠로스와 스토아 학파 사람들을 만났다. 그들은 바울을 '씨앗 줍는 자' 또는 '공짜를 좋아하는 사람'이라 불렀다. 바울은 사도행전 17장에 기록된 바와 같이 그리스 철학자들과 논쟁하였다.

본문에 등장하는 에피쿠로스와 스토아 학파 사람들은 누구인가? BC 300년경에 형성된 그리스 철학의 주요 학파가 바로 에피쿠로스와 스토아 학파이다.

- 에피쿠로스 학파는 행복에 이르는 가장 좋은 방법은 어떤 것도 바라지 않는 것이라고 믿었다. 왜냐하면 가질 수 없는 것을 바라는 것이 우리를 고

통으로 몰아가기 때문이다. 이들은 기독교에 지대한 영향을 미쳤다. 거룩한 사람들은 자신을 구별하고, 육체나 소유 또는 친구나 가족을 생각하지 말아야 하며, 단지 하늘에만 초점을 맞추어야 한다는 기독교식 사고는 에피쿠로스 학파의 영향을 받았다. 수도 생활의 개념이 바로 여기에서 왔다.

- 키티온의 제논이 아테네의 스토아 철학을 창시하였다. 스토아 학파에게 가장 중요한 주제는 "진리가 무엇인가?"이다. 그들은 일반적으로 근거가 확실한 진리의 기준이 없고, 진리는 이성이 아니라 감정에 기반을 둔다고 믿었다. 그들은 모든 것을 절제하는 것이 평안을 위한 최선의 방법이라고 생각했다. 그래서 사람들이 너무 많이 먹거나 즐겨서도 안 되지만, 항상 일하거나 먹어서도 안 된다고 주장하였다.

이러한 배경은 사도행전 17장에 등장하는 군중들의 사고방식을 이해하는 데 도움이 된다. 바울은 아레오바고 한가운데 서서 아테네 사람들에게 '알지 못하는 신에게'라고 새겨진 비명의 제단을 보았다고 말했다. 그들이 알지 못하고 섬기는 분이 바로 그가 그들에게 전하고자 하는 분으로, 바울은 하나님이 모든 사람에게 생명과 호흡과 모든 것을 주신다고 설명했다. 또 우리는 모두 한 피로 맺어진 형제들이며, 하나님께서 미리 때와 거주의 경계를 정하셔서 우리로 그분을 발견하고자 하는 소망으로 주님을 구하게 하셨다고 하였다.

이제 놀라운 결론이 나온다! 28절을 읽어 보라. "우리가 그를 힘입어 살며 기동하며 존재하느니라 너희 시인 중 어떤 사람들의 말과 같이 우리가 그의 소생이라." 내가 구원을 받은 1970년에 이 구절의 시작 부분을 노래로 부르곤 했다. 그런데 바울은 "너희 시인 중 어떤 사람들의 말과 같이"라고 하였다.

이것을 염두에 두고, 한 구절 더 보자. 디도서 1장 12절에서 바울은 "그레데인 중의 어떤 선지자가 말하되 그레데인들은 항상 거짓말쟁이며 악한 짐승이며 배만 위하는 게으름뱅이라 하니"라고 한다. 여기에서 바울은 그리스 철학을 공부한 자로서 에피메니데스의 글을 인용하였다. 에피메니데스는 BC 6세기경에 살았던 그리스 철학자이자 시인으로, 제우스를 섬기던 동굴에서 57년간 잠들었다가 깨어난 사람으로 알려져 있다. 그는 자신의 시에서 그레데인들을 거짓말쟁이라고 말하는데, 그레데인들의 거짓말이 무엇인지 아는가? 그것은 '그들의 선지자'였던 크노소스(그레데)의 에피메니데스가 죽을 수밖에 없었던 존재인 제우스를 불멸의 존재로 믿었다는 것이다. 에피메니데스는 '크레티카'라는 시에서 제우스에 대해 다음과 같이 말한다.

> 그들이 당신을 위해 거룩하고 높은 무덤을 만들었는데,
> 그레데인들은 항상 거짓말쟁이며 악한 짐승이며 배만 위하는 게으름뱅이라.
> 그러나 당신은 죽지 않았습니다. 당신은 살았고 영원히 거합니다.
> 왜냐하면 우리는 당신 안에서 살며 기동하며 존재하기 때문입니다.[2]

놀랍게도 바울은 이방신인 제우스를 언급한 부분을 인용하여 그것을 이스라엘의 하나님께 적용하고 있다! 그들이 연관시킬 수 있는 신을

언급하면, 더 쉽게 이해할 수 있을 것이라고 생각했기 때문이다.

또한 사도행전 17장 28절에서 바울은 "너희 시인 중 어떤 사람들의 말과 같이 우리가 그의 소생이라"고 말했다. 자, 생각해 보라. 그는 길리기아의 아라투스(BC 310-240)라는 고대 그리스 시인의 말을 인용하고 있다. 아래에 '현상'(Pheonomena)이라는 그의 시 한 구절을 소개한다.

> 필멸의 인간이 절대 언급하지 않을 수 없는 제우스로 시작합시다.
> 모든 거리와 시장은 제우스로 가득합니다.
> 바다와 항구조차도 그의 신성으로 가득합니다.
> 모든 곳에서 모든 사람이 제우스에게 빚을 지고 있습니다.
> 우리가 참으로 그의 소생이기 때문에[3)]

이것은 매우 충격적인 일이다! 바울은 다시 이방인들에게 다가가기 위해 이방신인 제우스를 위한 구절을 이스라엘의 하나님께 적용하였다.

그리고 한 가지 더 있다! 고린도전서 15장 33절에서 바울은 "속지 말라 악한 동무들은 선한 행실을 더럽히나니"라고 하였다. 이것은 사도 바울이 처음 사용한 말이 아니다. 그는 BC 342-291에 살았던 그리스의 극작가 메난더의 말을 인용하였다. 메난더는 100편이 넘는 희극의 저자인데, 바울은 그의 유명한 작품인 '타이스'(Thais)의 구절을 인용한 것이다.

철학을 통해 철학자들에게 나아가려 했던 바울은 여러 사람에게 여러 모습이 되려고 노력하였다(고전 9:22). 그렇지만 결국 이 생각을 포기했다. 아테네를 떠나 고린도로 간(행 18:1) 바울은 아테네에서의 경험에 대해 다음과 같이 말한다.

> 그리스도께서 나를 보내심은 세례(침례)를 베풀게 하려 하심이 아니요 오직 복음을 전하게 하려 하심이로되 말의 지혜로 하지 아니함은 그리스도의 십자가가 헛되지 않게 하려 함이라 십자가의 도가 멸망하는 자들에게는 미련한 것이요 구원을 받는 우리에게는 하나님의 능력이라 기록된 바 내가 지혜 있는 자들의 지혜를 멸하고 총명한 자들의 총명을 폐하리라 하였으니 지혜 있는 자가 어디 있느냐 선비가 어디 있느냐 이 세대에 변론가가 어디 있느냐 하나님께서 이 세상의 지혜를 미련하게 하신 것이 아니냐 하나님의 지혜에 있어서는 이 세상이 자기 지혜로 하나님을 알지 못하므로 하나님께서 전도의 미련한 것으로 믿는 자들을 구원하시기를 기뻐하셨도다 유대인은 표적을 구하고 헬라인은 지혜를 찾으나 우리는 십자가에 못 박힌 그리스도를 전하니 유대인에게는 거리끼는 것이요 이방인에게는 미련한 것이로되 (고전 1:17-23)

바울은 그리스식 사고방식을 포기했다. 그런데 토라의 배경에 생소한 이방인들은 여전히 그리스 철학을 그들의 도덕적 기준으로 삼았다. 그것이 그들이 가지고 있는 전부였기 때문이다! 역사적으로 이스라엘이라는 나라는 거의 2천 년 동안 존재하지 않았다. 이스라엘이 없는 상황에서 교회는 성경에 언급된 약속들이 자신들에게 해당되는 것이라고 생각했다. 그런데 갑자기 하나님의 약속들이 성취되기 시작하면서 이스라엘이 다시 역사의 무대에 등장하였다!

교회는 어떻게 하였는가? 그들은 마치 "우리 둘 다 공존할 수는 없어! 이것은 우리 신학에 맞지 않아!"라고 결단한 것 같다. 기독교의 메시아는 더 이상 유대인이 아니었다. 그의 어머니는 가톨릭(예수님의 어머니인 마리아가 성모 마리아가 된 것을 뜻함 - 역자 주)이 되었고, 그의 친척인 요한은 침례교인(영어로 세례 요한의 세례라는 단어는 침례교인을 뜻하기도 함 - 역자 주)이 되었으며, 그의 이웃들은 나사렛 교인들(영어로 나사렛 사람들은 나사렛 교인들을 뜻하기도 함 - 역자 주)이 되었다! 교회가 완전히 분리된 것이다.

예슈아가 십자가에서 죽었을 때, 그 위에 있던 팻말에는 '유대인의 왕'이라고 적혀 있었다. 그분은 여전히 유대인의 왕인가, 아니면 기독교인의 왕이 되셨는가? 유대인들은 괜찮다. 그들은 우리가 그분을 그들의 왕으로 만들려고 하지 않는 한, 이방인들이 예슈아를 소유하는 것을 기뻐한다. 단, 그들은 기독교의 왕을 믿지 않는다. 그러나 그들은 하나님께서 모세에게 말씀하신 대로 하나님의 말씀을 지키는 유다 족속 출신의 유대인 왕을 원한다.

그렇다면 우리는 이제 스스로에게 물어봐야 한다. 정말 두 명의 메시아, 즉 유대교의 메시아와 기독교의 메시아가 있는가? 잠시 생각해 보라. 모든 사도들은 유대인이었다. 바로 "양자됨과 영광과 언약들과 율법을 세우신 것과 예배와 약속들이 있고 조상들도 그들의 것이요 육신으로 하면 그리스도가 그들에게서 나셨으니 그는 만물 위에 계셔서 세세에 찬양을 받으실 하나님이시니라 아멘"(롬 9:4-5)에서 언급하는 약속들이 있는 유대인들 말이다.

의도적으로 왜곡해서 번역한 또 다른 예를 보자. 많은 사람들이 알듯이, 헬라어 '에클레시아'(ecclesia)는 '교회'(church)로 번역되었다. 예슈아가 "내가 이 반석 위에 내 교회를 세우리니"(마 16:18)라고 하셨을 때의 헬라어가 바로 '에클레시아'이다. 그러나 '에클레시아'는 교회가 아니라 회중(무리, 총회)을 의미한다. 예슈아가 태어나기 전에는 로마나 아테네에 교회가 없었다는 것을 기억하기 바란다. 그럼에도 메시아가 오기 수백 년 전에 기록된 히브리어 성경(구약)의 헬라어 번역본인 70인역에는 '에클레시아'라는 단어가 70번 이상 사용되었다.

나는 사도행전 7장 38절에서 '에클레시아'를 '교회'로 번역한 것이 우습다고 생각한다. 여기에서 '에클레시아'는 모세 시대의 '광야 교회'(회중)를 말하는 것이다. 당신은 진정 예슈아가 태어나기 1,500년 전에 모세가 커다란 첨탑이 있는 가톨릭 교회에 있었다고 생각하는가? 번역자들은 왜 '회중'이란 단어를 사용하지 않았는가? 그것은 그들이 유대인들로부터 분리되기 원했기 때문이다.

아직도 믿어지지 않는가? 또 다른 예를 보자. 로마서 11장에서 바울은 우리가 이스라엘이라는 감람나무에 접붙여졌다고 말한다. 그런데 로마에 본부를 둔 가톨릭 교회가 문을 열면서, 초대 교회는 이스라엘에 접붙임 받기보다는 완전히 다른 나무가 되길 원했던 것 같다. 초창기에 메시아를 믿는 자들의 모임을 묘사하기 위해 '교회'라는 단어를 사용함으로 그들은 유대인들과는 별개의 교회를 생각하도록 만들었다.

누군가가 "교회가 언제 시작되었습니까?"라고 묻는다면, 모든 사람이 '사도행전 시대'라고 말한다. 이제 이것을 증명해 보겠다. 사도행전 19장을 보면, 도시 전체가 다이아나 여신을 섬기고 있었다는 사실을 알 수 있다. 그들은 거의 두 시간 동안을 "에베소의 위대한 다이아나 여신이여!"를 외쳤다. 그러자 시의 서기가 와서 소동을 가라앉히며 "모임을 흩어지게 하였다"(41절). 여기에 쓰인 '모임'도 '에클레시아'이다! 그런데 번역자들은 분명 이것을 '교회'라고 번역하고 싶지 않았을 것이다. 왜냐하면 교회가 두 시간 동안 위대한 다이아나 여신을 섬긴 것처럼 보이기 때문이다. 그래서 그들은 그것을 '모임'이라고 번역하였다.

헬라어 '쉬나고게'(synagogue)는 '회당'으로 번역되었다. 그런데 '쉬나고게' 또한 회중을 의미한다는 것을 아는가? 쉬나고게와 에클레시아는 동의어이며, 둘 다 회중을 의미한다! 영어로 번역된 신약의 본문들을 보며 편견이 드러나는 것을 보라.

야곱의 서신(야고보서) 2장에는 누군가가 '모임'(한글성경에는 '회당'으로 번역됨 - 역자 주)에 금반지와 고급스러운 복장을 갖추고 들어오면, 허름한 옷을 입고 오는 가난한 사람에게 관심을 주지 않을 것이라고 말하는 부분이 있다(2-3절). 여기에 쓰인 모임 또한 헬라어 쉬나고게이다! 놀랍게도 사람들로 하여금 유대인의 회당에서 만나는 것으로 생각하게 할 수 없으니, 여기서는 회당이 아닌 '모임'으로 번역한 것이다.

그런데 '사탄의 회당'으로부터 온 사람들에게 말하는 요한계시록 2장 9절은 어떻게 된 것인가? 여기에서 쓰인 헬라어도 쉬나고게이다. 그런데 그들은 왜 여기에서 이것을 '회중'이라고 하지 않았는가? 사람들이 회당을 사탄과 동일시하기 원했기 때문이다.

교회가 어떤 식으로 빗나갔는지 이제 알겠는가? 사도 요한이 교회에서 쫓겨났다는 것을 성경을 통해 증명할 수 있다는 것을 아는가? 그가 쫓겨났을 뿐만 아니라 다른 유대인들도 쫓겨났다. 심지어 유대인들이 모임에 함께하기 원했던 이방인들까지 '교회'에서 쫓겨났다. 이것을 상상할 수 있는가? 어떻게 교회가 사도 요한을 거부할 수 있단 말인가? 이것이 성경에 있는데도, 항상 간과하였다. 유대인들은 핍박을 받고 흩어졌으며, 믿음을 갖게 된 이방인들이 모임을 넘겨받았다.

예슈아께서 제자들에게 항상 으뜸이 되기 원하는 그리스식 사고방식을 멀리하고 양들을 주관하지 말라고 당부하신 것을 기억하라. 만약 내 이름이 파코라면, 사람들은 내가 스페인계 혈통이라고 추측할 것이다. 만약 이고르라면, 러시아 사람을 연상할 것이다. 만약 디오드레베라면 어떻겠는가? 이것은 헬라어로 '제우스를 사랑하는 자'를 의미한다.

요한삼서에서 요한은 "두어 자를 교회에 썼으나 그들 중에 으뜸 되기를 좋아하는 디오드레베가 우리를 맞아들이지 아니하니"(9절)라고 말한다. 그는 계속하여 디오드레베가 형제들(다른 유대인들을 말함)을 맞아들이지도 않고, 맞아들이고자 하는 자를 금하여 교회에서 내쫓는다고 말한다! 반유대주의가 이렇게 빨리 퍼진 것은 참으로 놀라운 일이다! 내가 이 문제를 제기한 이유는 편견이 마지막 때에 대한 관점에 영향을 미칠 수 있음을 알리기 위해서이다.

다음 장에서는 마지막 때와 적그리스도에 대한 몇 가지 이론들을 살펴볼 것이다.

7장
적그리스도 이론들

지난 수백 년간 적그리스도가 누구인지, 그가 무슬림인지, 유대인인지 또는 가톨릭 교인인지에 대해 다양한 의견이 있었다. 그러나 그가 어떠한 모습일 것인가에 대해서는 관심을 갖는 사람들이 거의 없었다!

인공지능 시대에 어떤 사람들은 적그리스도가 초자연적인 지능을 가진 사이보그(컴퓨터와 인간의 육체를 합성한 합성인간 또는 인조인간 - 역자 주)라고 생각하기도 한다. 수많은 전문가들이 인공지능의 악용을 경고하고 있다. 심지어 최근에는 독재자들이 정적을 제거하기 위해 어떻게 얼굴을 인식하는 청부살인 드론을 사용하는지에 대해 다루는 기사도 있었다.

오늘날 쉴 새 없이 쏟아지는 가짜 뉴스의 홍수 속에서 어느 누구도 대중매체를 절대적으로 신뢰하지 않는다. 합성된 사진과 조작된 영상들이 등장하면서 더 이상 대중매체를 믿을 수 없다는 의견이 지배적이다.

현대의 소프트웨어로 우리를 대적하는 누군가 얼마든지 우리의 사진이나 영상을 가지고 우리가 하지도 않은 말을 한 것처럼 악의적으로 조작할 수도 있다!

〈로스앤젤레스 타임스〉는 한 나라가 다른 나라에 대한 공격을 개시했다고 발표하거나 대선 후보자가 불법으로 외화를 반입했음을 인정하는 거짓 영상을 만드는 기술이 이미 존재한다고 보도하였다. 그러한 일들이 어떤 결과를 초래할지 생각해 보라. 물론, 과학수사로 진실과 허구를 밝혀내겠지만, 거짓 영상으로 인한 피해를 제때에 막지는 못할 것이다. 그 기사에서 언급한 대로 "피해는 돌이킬 수 없을 것이다."[1]

오늘날 온라인상으로 다양한 콘텐츠를 공유하는 소셜미디어에는 진실과 거짓을 가리기 힘든 조작된 영상들로 넘쳐난다. 날조된 것이 무엇인지 모른 채 우리는 "아무것이나 사실이 될 수 있다면, 그 무엇도 사실이 아닌 것이다"[2]라는 〈타임〉지 기사의 문구처럼, 사실이 무엇인지를 잊어버린 세계에 살고 있는 것이다.

CNBC는 테슬라의 대표인 엘론 머스크의 말을 인용하여 "인공지능이 인간의 지능보다 수십억 배 더 좋을 수 있으며, 앞으로 인간은 살아남기 위해 컴퓨터와 병합해야 할 것이다"라고 보도했다. 그는 다가올 '로봇 재해'(robot apocalypse)에 대해 경고하며, 인류가 살아남기 위해서는 인간의 뇌와 인공지능 사이에 연동장치가 필요할 것이라고 말했다. 머스크 회장이 설립한 뉴라링크(Neuralink)라는 회사는 인간과 컴퓨터를 연결하기 위한 초대형 용량의 뇌-기계 인터페이스를 개발하고 있다.[3]

인공지능에 의한 감시체제가 얼마나 진보할지를 알게 되면, 아마 깜

짝 놀랄 것이다. 구글로 '중국 감시 국가'(China surveillance state)를 검색하여, 단 몇 분 만에 용의자를 찾아낼 수 있는 수백만 개의 인공지능 카메라에 대해 읽어 보라. 그들은 카메라를 사용하여 여러 대도시에서 공공연하게 무단횡단 하는 사람들의 얼굴을 스캔한 후 신원을 확인하여 보도에 설치된 대형 스크린에 그들의 사진과 개인 정보를 공개하여 망신을 준다.4)

중국은 시민들의 생활 형태를 파악하기 위해 이러한 감시망을 그들의 소셜 매체 사용과 온라인 쇼핑 구매 습관을 분석하는 데 병합하여 사용한다. 중국인들에게는 그들이 온라인에 올리는 모든 정보를 기반으로 세금 납부와 공중법규 준수에 대한 사회적 점수가 주어진다. 부모를 방문하지 않거나 쓰레기를 분리하여 버리지 않는 시민들은 벌칙을 받거나 생활에 제재를 당한다. 점수가 낮은 사람들은 블랙리스트에 올라 비행기 표나 기차표를 예매할 수 없고, 물건을 빌리거나 사는 것이 제한되며, 자녀들이 사립학교에 갈 수 없게 된다.

한편 높은 점수를 받은 사람들은 우선적으로 건강검진을 받거나, 에너지 사용 비용을 할인받거나, 저금리 혜택을 받거나, 아파트의 보증금을 면제받는 등의 특전을 받는다. 또한 중국의 거대한 온라인 데이트 사이트에서 프로필이 상위에 랭크되는 혜택도 누릴 수 있다.5)

현재 14억 중국인 중 수백만 명에게 그러한 사회적 점수가 주어지고, 그 목록이 점점 확대되고 있다. 그들의 목표는 2020년까지 이 시스템을 전국적으로 보급하는 것이다. 모든 나라가 이러한 정책을 받아들인다고 상상해 보라. 만약 기독교적인 삶이 건전하지 않다고 판단되면, 블랙리스트에 올라 인터넷 사용이나 식품 구매에 제재를 당할 수도 있다.

2018년 스위스 다보스에서 개최된 세계 경제 포럼에서 교수이자 베스트셀러 작가인 유발 노아 하라리는 가까운 미래에 대해 발표하면서 우리가 호모 사피엔스의 마지막 세대라고 하였다. 이것은 과학자들이 생명을 창조하고 몸과 뇌, 생각을 만들 수 있게 되면서 이후 100년 안에 새로운 인종이 등장하게 될 것을 의미한다.[6]

앞으로는 데이터를 통제하는 자들이 인간의 모든 삶을 통제할 것이다. 그것은 컴퓨터나 전자기기에서 데이터를 해킹하는 것이 아니라, 생물측정학 자료를 가지고 인간의 몸과 뇌에서 인간 자체를 해킹하는 능력을 말한다. 컴퓨터의 계산체계와 생물학적 조사로, 인간이 자신을 아는 것보다 컴퓨터가 더 잘 알게 되는 것이다.

나는 지금 몸에 건강 측정기를 차고 있다. 그것은 시계같이 생겨서 맥박과 수면 습관을 기록하고, 안구 운동과 숙면 정도를 확인하여 내가 매일 밤 얼마나 숙면을 취하는지 알려 준다. 또한 매일의 신체 활동도 추적한다. 이처럼 모든 사람이 항상 맥박과 혈압, 동공 확장과 자신의 위치까지 파악하는 팔찌를 차고 있다고 상상해 보라. 그것이 당신이 느끼는 것과 정부에 대한 생각까지 안다고 생각해 보라. 심지어 인간의 감정까지 읽을 수 있는 로봇도 만들고 있다.[7]

내가 이 글을 쓰는 중에도 한 뉴스 기사에서 사이버 보안 전문가의 경고를 보도하였다. 그는 로봇이나 인공지능 프로그램이 이메일이나 일정, 메시지를 해킹하여 수백만 명의 집필 형태와 습관을 모방할 수 있을 것이라고 하였다. 문자 그대로 우리의 일정과 관심을 가지고 있는 주제를 알아내어 연락처에 있는 사람에게 마치 우리가 보낸 것인 양 이메일을 보낼 수 있다는 것이다! 이것은 전 세계에 무섭게 번지는 바이러스처럼 사생활 보호를 원하는 사람들에게 심각한 문제가 될 수 있다.[8]

이제 청부살인 드론이 모든 명령이 잘 지켜지는지 감시하는 가운데, 사이보그 형태의 적그리스도가 자신을 전 세계에 홀로그램으로 투사하여 숭배를 요구하는 상황을 상상하는 것이 더 이상 어렵지 않게 되었다. 아바타와 홀로그램 그리고 몸 안에 설치하여 개인의 생각과 감정, 구매 행위와 움직임을 감시할 수 있는 소프트웨어를 만드는 능력과 같은 기술의 발달로, 우리가 한 시대의 정점에서 새로운 시대로 넘어가는 중이라는 사실에는 의심의 여지가 없다.

이와 관련하여 조지 오웰의 《1984년》과 함께 올더스 헉슬리의 《멋진 신세계》를 떠올리지 않을 수가 없다. 우리가 이미 그러한 시대에 다다랐다는 것이다! 나는 진정으로 2020년이 예언적으로 2.0/2.0의 시력을 가진 해가 되어서 믿는 자들이 마지막 때와 관련해서 우리가 어디쯤 있는지를 더 분명하게 보기 시작할 것이라고 믿는다.

하루는 이 모든 것을 생각하던 중 무서운 상상을 하였다. 악한 영들은 얼마든지 인간을 사로잡을 수 있다. 영들은 인간이든, 무엇이든 상관없이 물질적인 대상을 장악하는 것을 좋아한다. 그렇다면 악한 영이 한순간에 모든 정보에 접근할 수 있는 초자연적 지능과 능력을 지닌 인공지능 로봇을 지배하게 된다면 어떻게 되겠는가?

누가, 무엇을, 왜?

적그리스도에 대한 암호를 푸는 데 있어서, 우리는 적그리스도가 누구이고 또는 어떤 모습인가를 아는 것이 왜 그가 이때에 왔는가에 담긴 숨은 목적을 이해하는 것만큼 중요하지 않다는 것을 깨달아야 한다. 그의 목표와 수법은 무엇인가? 우리는 그의 행동 배후의 동기를 알아야 한다. 성경은 이스라엘 백성들이 하나님의 행동을 알고 있었지만, 모세는 하나님의 방법을 알았다고 말한다. 즉, 모세는 하나님이 왜 그렇게 하시는지 이해했다는 것이다.

나는 하나님의 자녀로서 우리가 지혜와 분별력을 가져야 한다고 믿는다. 뱀은 에덴동산에서 하나님이 말씀하신 것에 의문을 품도록 하와를 미혹하였다. 성경은 사탄과 그의 수종자들이 광명의 천사들로 온다고 말한다. 그들은 뿔과 갈퀴를 들고 오지 않는다.

마지막 때를 연구하면서 종종 우리가 읽은 것이 문자 그대로인지, 아니면 단지 비유적인 것인지를 파악하는 데 집착한 나머지 큰 그림을 놓치곤 한다. 우리는 숫자 666이 무엇을 의미하는지 파악하느라, 성경에서 그 숫자와 관련된 자가 누구인지와 그것이 왜 문제가 되는지에 대한 더 큰 연결점을 보지 못한다.

우리는 지금 어지러울 정도로 정신없이 쏟아지는 정보의 홍수 속에 살고 있다. 가까운 미래에 미혹이 오게 되면, 우리는 그것이 무엇인지조차 모를 것이다. 어떤 사람의 진리가 다른 사람에게는 진리가 아닐 수도 있다. 과연 모든 사람이 동의할 수 있는 '진정한 진리'라는 것이 있는 것일까? 악을 선하다 하고, 선을 악하다 할 수 있을까?

우리가 얼마나 잘 미혹되는지를 보여 주기 위해 다음 장에서는 이 땅에 살았던 가장 지혜로운 사람에 대해 다룰 것이다. 그는 바로 솔로몬 왕이다.

2부

진리에 관한 성경의 열쇠들

8장
솔로몬: 무법자의 모형

구약에는 메시아에 대한 수많은 모형과 그림자들이 있다. 대표적으로 아담, 이삭, 모세, 다윗, 요나가 있다. 대부분의 기독교인들은 솔로몬 왕 또한 메시아의 모형이라고 생각한다. 분명 솔로몬 같은 사람은 기독교인과 유대인을 잘 연합시킬 수 있을 것이다.

우리가 솔로몬에 대해 아는 것은 그가 얼마나 지혜롭고 유명하며 어마어마한 부를 누렸는지, 어떻게 그가 이스라엘을 최고의 절정에 이르게 했는가에 관한 것이다. 전 세계가 솔로몬의 지혜를 흠모하여 그에게 찾아와 선물을 바쳤다. 그의 통치 기간에 이스라엘은 전성기를 맞았다.

이러한 이유로 많은 사람들이 솔로몬을 메시아의 모형이라고 생각한다. 그러나 성경을 자세히 들여다보면 우리가 속고 있음을 알게 된다!

누군가는 "잠깐만요, 그가 중동지역에 평화를 가져오지 않았나요?"라고 말할 것이다. 그렇다. 그 평화 덕분에 그가 성전 건축과 같은 위대한 일들을 성취할 수 있었다. 그러나 우리는 여기서 "왜 그 이후 이스라엘은 내리막길을 걸었는가?"를 생각해 보아야 한다. 나는 그 이유가 평화를 위해 솔로몬이 하나님의 말씀을 벗어나 타협했기 때문이라고 믿는다.

이처럼 적그리스도도 잘 속일 것이다. 세상은 솔로몬 왕과 같이 중동지역의 문제를 해결할 메시아를 찾을 것이다. 그들은 "우리 시대에 평화를!" 하고 외칠 것이다. 왜 그가 존경을 받지 않겠는가? 그런데 그로 인해 더 쉽게 속을 수도 있지 않을까?

우리는 미가 4장 1-5절과 이사야 2장 1-5절의 말씀대로 율법을 정립하기 위해 오시는 참 메시아와 데살로니가후서 2장 8절에서 '불법한 자'로 묘사된 거짓 메시아를 구별하거나 분별할 수 있을까? 이 구절에서 '불법한'으로 번역된 헬라어 '아노모스'(anomos)는 법이 없음을 의미하는데, 여기서 법은 인간의 법이 아니라 토라에 기록된 하나님의 율법을 말한다.

다소 충격적일 수도 있겠지만, 만약 적그리스도 또는 무법자가 여러 면에서 솔로몬 왕과 비슷한 모습으로 온다고 한다면, 어떻게 되겠는가? 이제 마지막 때에 왜 그렇게 많은 사람들이 미혹을 당하는지를 생각해 보자. 내가 기도하는 것은 오늘날 세상에 임한 거대한 미혹에 사람들이 속지 않는 것이다.

하나님은 이스라엘의 왕이 되기 원하셨다

하나님은 이스라엘 백성들이 인간 왕에게 다스림 받는 것을 전혀 뜻하지 않으셨다. 그분이 이스라엘의 왕이 되기 원하셨다. 그것은 우리가 왕권에 대해 알고 있는 것과는 다른 것이었다. 서양의 사고방식으로 '왕'이란 단어는 권력과 지배를 주장하며 자신의 이기적인 욕망을 채우려는 과대 망상적 전제군주를 의미한다. 말로는 '섬긴다'고 하지만 자신의 배만 채우는 오늘날의 몇몇 공직자들처럼 말이다.

'왕'으로 번역된 히브리어 '멜렉'(melech)은 우리가 상상하는 것과 의미가 전혀 다르다. 멜렉은 사랑의 관계 속에서 신하들이 자발적으로 섬기는 왕을 말한다. 하나님께서는 우리가 좋아하든 말든, 믿든 안 믿든, 전 우주에서 가장 위대한 멜렉이시다. 이스라엘이 그분을 멜렉으로 받아들이지 않고 다른 나라들과 같은 왕을 원했을 때, 하나님은 분노하시고 상처를 받으셨다.

사무엘상 8장 5절에서 이스라엘 백성들은 사무엘에게 "보소서 당신은 늙고 당신의 아들들은 당신의 행위를 따르지 아니하니 모든 나라와 같이 우리에게 왕을 세워 우리를 다스리게 하소서"라고 말한다. 그들은 사무엘의 아들들의 문제를 언급하며 왕을 달라고 요구한다. 그러나 실제로 그들은 하나님을 거절하고, 그분이 다스리시는 것을 거부한 것이다. 하나님은 오직 자발적으로 섬기는 자들만 원하는 멜렉이어서, 그들의 요구를 들어 주셨다.

이스라엘이 하나님을 그들의 멜렉(왕)으로 받아들이길 거부한 사건은 우주의 창조주께서 자신을 낮추신 가슴 찢어지는 이야기이다. 하나님께서는 사무엘에게 백성들의 말을 들어주라고 하시면서 그들에게 세상의 왕이 어떻게 그들을 다스리고, 어떤 일을 할 것인지에 대해 먼저 알려 주라고 말씀하셨다.

그분은 사무엘을 통해 다음과 같이 경고하셨다. "너희를 다스릴 왕의 제도는 이러하니라 그가 너희 아들들을 데려다가 그의 병거와 말을 어거하게 하리니 그들이 그 병거 앞에서 달릴 것이며"(11절). 사무엘은 왕이 그들에게 "자기 밭을 갈게 하고 자기 추수를 하게 할 것이며 자기 무기와 병거의 장비도 만들게 할 것"(12절)이라고 경고했다.

사무엘은 계속해서 다음과 같이 말했다.

> 그가 또 너희의 딸들을 데려다가 향료 만드는 자와 요리하는 자와 떡 굽는 자로 삼을 것이며 그가 또 너희의 밭과 포도원과 감람원에서 제일 좋은 것을 가져다가 자기의 신하들에게 줄 것이며 그가 또 너희의 곡식과 포도원 소산의 십일조를 거두어 자기의 관리와 신하에게 줄 것이며 그가 또 너희의 노비와 가장 아름다운 소년과 나귀들을 끌어다가 자기 일을 시킬 것이며 너희의 양 떼의 십분의 일을 거두어 가리니 너희가 그의 종이 될 것이라 그 날에 너희는 너희가 택한 왕으로 말미암아 부르짖되 그 날에 여호와께서 너희에게 응답하지 아니하시리라 하니 (삼상 8:13-18)

이처럼 인간 왕이 그들을 어떻게 다룰 것인가를 듣고 나서도, 이스라엘은 계속 완강하게 왕을 요구했다. 이스라엘은 결국 개개인을 깊이 알고 사랑하는 관계를 원하는 멜렉 대신 섬김을 강요하는 왕을 세우기로 결정했다.

가족을 섬기는 친절하고 사랑이 많으며 헌신적인 아버지와 가족이 자신만을 섬기기 원하고 자신의 변덕스러운 욕망을 채우기 위해 가족을 짐승같이 다루고 학대하는 이기적인 아버지를 비교해 보라. 가족을 학대하는 육신의 부모나 배우자의 부정적 이미지가 하나님 아버지를 보는 관점을 왜곡시키듯, 백성을 학대하는 자기중심적인 왕이 하나님을 바라보는 관점을 어떻게 왜곡시킬지 하나님은 잘 아셨다. 그러한 상황에서 왕을 요구하는 이스라엘 백성을 향한 하나님의 번민은 매우 깊었을 것이다.

이스라엘의 첫 두 왕인 사울과 다윗은 이러한 예언적 경고를 벗어났다. 그러나 그 뒤를 이어 이스라엘을 통치한 솔로몬에 대해 백성들이 어떻게 느꼈는지 살펴보자. 특별히 사무엘상에서 하나님이 경고하신 것과 솔로몬의 행적 사이의 유사점을 유념해서 보기 바란다.

열왕기상 9장 22절은 "이스라엘 자손은 솔로몬이 노예를 삼지 아니하였으니 그들은 군사와 그 신하와 고관과 대장이며 병거와 마병의 지휘관이 됨이었더라"고 말한다. 뭔가 익숙한 내용 아닌가? 이제 그의 통치 기간에 살았던 사람들이 실제로 솔로몬 왕에 대해 어떻게 말하는지 보자. 그들은 그와 동시대를 살았던 자들로, 그의 통치에 대해 가장 솔직하게 표현할 수 있는 사람들이다.

솔로몬의 통치

열왕기상 12장에서 우리는 그의 통치에 대한 이스라엘 백성의 생각을 엿볼 수 있다. 그들은 솔로몬의 아들인 르호보암에게 솔로몬이 부과한 고역과 멍에를 덜어 달라고 간청한다. "왕의 아버지(솔로몬)가 우리의 멍에를 무겁게 하였으나 왕은 이제 왕의 아버지가 우리에게 시킨 고역과 메운 무거운 멍에를 가볍게 하소서 그리하시면 우리가 왕을 섬기겠나이다"(4절).

여기에서 우리는 백성들이 솔로몬 왕이 그들의 삶을 비참하게 만들었다고 생각했다는 것을 알 수 있다. 그런데 성경은 그의 아들 르호보암이 백성들에게 한 답변을 섬뜩하게 묘사하고 있다! 르호보암은 "포학한 말로 백성에게 대답"(13절)하였다. 그는 장로들의 권고를 거절하고 청년들의 권고를 따랐다. "내 아버지는 너희의 멍에를 무겁게 하였으나 나는 너희의 멍에를 더욱 무겁게 할지라 내 아버지는 채찍으로 너희를 징계하였으나 나는 전갈 채찍으로 너희를 징치하리라"(14절).

처음 이 내용을 보았을 때, 나는 충격을 받았다! 이것은 내가 자라면서 들었던 솔로몬의 이야기가 아니었다. 그렇다. 솔로몬 왕은 지혜와 능력이 충만했지만, 그것은 어쩔 수 없이 사람의 머리로 가기 마련이다. 성경은 솔로몬의 지혜가 동쪽 지방 모든 사람의 지혜와 애굽의 모든 지혜보다 뛰어났다고 말한다(왕상 4:30). 그는 당대 모든 사람보다 지혜로웠고, 그의 명성은 주변의 모든 국가로 퍼져나갔다. 솔로몬은 세계의 왕이었고, 모든 권세를 가지고 있었다. 그렇다고 그가 하나님의 명령을 따르지 못하도록 막을 수 있는 권위를 가진 것은 아니었다. 그는 왜 하나님의 명령을 따르지 않았는가?

이러한 사실들을 함께 종합해 보면, 솔로몬 왕에게 변명의 여지가 없다는 것을 알게 된다. 솔로몬이 하나님께 해명해야 할 의무가 얼마나 큰지 생각해 보라. 솔로몬은 하나님 나라를 확장시키기에 충분한 권세와 부와 명예를 가지고 있었지만, 그것으로 자신의 왕국을 확장하였다.

지혜가 항상 통하는 것은 아니다

신명기 8장 13-14절에서 하나님은 이스라엘 백성에게 가축과 은과 금이 풍성할 때에 이 모든 것을 주신 하나님을 잊지 말라고 경고하신다. 그리고 신명기 17장 20절에서 장래의 왕은 마음이 자기 형제들 위로 높아지거나 하나님의 율법을 지킬 필요가 없다고 생각하지 않도록 특별한 지시를 받는다.

하나님의 은혜로 솔로몬에게 많은 지혜가 주어졌지만, 그는 그것을 주신 분을 잊었다. 그는 하나님이 주신 지혜로 많은 재물을 얻은 후 마음이 높아졌다.

또 여호와의 말씀이 내게 임하여 이르시되 인자야 너는 두로 왕에게 이르기를 주 여호와께서 이같이 말씀하시되 네 마음이 교만하여 말하기를 나는 신이라 내가 하나님의 자리 곧 바다 가운데에 앉아 있다 하도다 네 마음이 하나님의 마음 같은 체할지라도 너는 사람이요 신이 아니거늘 네가 다니엘보다 지혜로워서 은밀한 것을 깨닫지 못할 것이 없다 하고 네 지혜와 총명으로 재물을 얻었으며 금과 은을 곳간에 저축하였으며 네 큰 지혜와 네 무역으로 재물을 더하고 그 재물로 말미암아 네 마음이 교만하였도다 그러므로 주 여호와께서 이같이 말씀하셨느니라 네 마음이 하나님의 마음 같은 체하였으니 그런즉 내가 이방인 곧 여러 나라의 강포한 자를 거느리고 와서 너를 치리니 그들이 칼을 빼어 네 지혜의 아름다운 것을 치며 네 영화를 더럽히며 또 너를 구덩이에 빠뜨려서 너를 바다 가운데에서 죽임을 당한 자의 죽음 같이 바다 가운데에서 죽게 할지라 (겔 28:1-8)

본문을 통해 우리는 솔로몬이 마치 두로의 왕과 같이, 하나님께서 주신 지혜를 악용하여 자신의 부를 축적하는 데 사용했음을 알 수 있다.

솔로몬은 모세에게 율법이 주어진 때로부터 400-500년 후에 살았던 사람이다. 이것은 크리스토퍼 콜럼버스가 신대륙을 발견한 후로부터 지금까지의 시간과 거의 비슷하다. 이스라엘 백성은 500년 동안 국가를 운영하는 매뉴얼을 가지고 있었고, 솔로몬이 왕이 될 때쯤에는 사울과 다윗이라는 두 명의 왕을 거친 상태였다. 하나님께서는 율법을 통해 모든 이스라엘 백성이 지켜야 하는 명령에 관한 구체적 지시를 주셨다. 그것에 대해서는 왕과 제사장, 레위인, 일반 백성 사이에 아무런 차이가 없었다. 어느 누구도 하나님의 율법 위에 있을 수는 없었다.

모든 사람이 이러한 지시를 잘 알았다. 특히 미래의 이스라엘 왕을 향한 하나님의 특별한 지시는 더욱 엄격했다. 하나님께서는 왕에게 더 높은 기준을 요구하셨는데, 그것은 신명기 17장에 언급된 것처럼 그가 자신을 다른 사람보다 낫게 생각하여 하나님의 명령으로부터 떠나지 않게 하기 위함이었다. 오늘날 감히 자신이 법이나 헌법 위에 있다고 생각하는 정치인이나 판사를 상상할 수 있는가? 그런 사람이 있다면, 기가 막혀서 웃음도 나오지 않을 것이다. 우리(미국) 역사는 300년도 안 된다!

레위기 4장 22-23절에서는 왕이 부지 중에 주님의 명령을 어긴 죄를 깨닫게 되면, 흠 없는 숫염소를 예물로 가져와야 한다고 말한다. 24절에 따르면, 그는 염소를 잡기 전에 그 머리에 자신의 손을 대어야 했다. 아무리 왕이라 할지라도, 신하에게 이 임무를 맡길 수는 없었다. 율법은 왕이 개인적으로 이 희생제사를 행하도록 규정하였다.

이것이 다가 아니다. 왕의 속죄제물은 다른 사람들이 희생제사를 드린 놋쇠로 만든 제단에서 불살랐다. 하나님께서는 왕이 자신의 뜰에 사적인 제단을 두는 것을 허락하지 않으셨다. 그는 주님께 드리는 제사를 공공연히, 즉 사실상 그가 부지 중에 죄를 지었다는 것을 모든 신하들에게 알리며 그 일을 완수해야 했다. 이것은 그의 마음이 백성들보다 또는 하나님의 말씀보다 높아지지 않게 하기 위함이었다.

오늘날, 대통령이나 왕은 고사하고, 공직에 있는 자들이 자신의 잘못을 공공연히 인정하는 것을 상상할 수 있는가? 판사가 법에 무지했다는 것을 인정하는 것은 어떤가? 이것은 지지자들(유권자들) 앞에서, 특히 정치적으로 대립 관계에 있는 당 앞에서는 매우 수치스러운 일이다!

여기에서 하나님이 사람들을 수치스럽게 만드는 일을 하지 않으신다는 것을 알아야 한다. 하나님은 부와 권력이 사람들을 부패시키는 경향이 있다는 것을 아주 잘 아신다. 한번은 내가 솔로몬이었다면 하나님께 무엇을 구했을까 생각해 보았는데, 순종하는 마음을 달라고 구했을 것이라고 결론을 내렸다. 우리의 지혜는 실제 순종에 기초한다.

이런 관점에서 솔로몬이 얼마나 하나님의 말씀에 순종했는지 살펴보자. 왕에 대한 율법의 요구사항을 몇 가지 더 알아보고, 솔로몬이 얼마나 하나님의 말씀을 잘 따랐는지 보겠다. 분명 솔로몬은 자신이 율법 위에 있다고 생각하지는 않았을 것이다.

1. 솔로몬은 말을 늘렸고, 다른 나라에 무기를 팔았다.

신명기 17장 16절에서 하나님은 왕에게 소유한 말의 수를 늘리지 말고, 그 수를 늘리기 위해 사람들을 애굽으로 보내지 말라고 하셨다. 그런데 열왕기상 4장 26절에는 "솔로몬의 병거의 말 외양간이 사만이요 마병이 만 이천 명이며"라고 기록되어 있다. 계속해서 열왕기상 10장 26절은 솔로몬의 병거가 1,400대, 마병이 12,000명이라고 말한다. 솔로몬이 하나님의 명령에 거역한 것인지, 아니면 셈을 잘못한 것인지 의아할 뿐이다!

그런데 상황은 더욱 나빠진다. 솔로몬은 말의 수를 늘리지 말라는 하나님의 말씀을 무시한 것뿐만 아니라, 애굽에서 말을 구매하기까지 하였다(왕상 10:28). 그것은 하나님께서 구체적으로 하지 말라고 금하신 일이었다. 그런데 더욱 놀라운 것은 애굽에서 들여온 병거가 한 대에 은 600세겔, 말은 한 필에 150세겔이었다는 것이다. 가장 놀라운 것은 솔로몬이 중간상을 통해 헷 사람의 모든 왕과 아람 왕들에게 그것들을 되팔기도 했다는 것이다.

마지막 문장이 무엇을 의미하는지 아는가? 솔로몬이 이스라엘의 적국들에게 무기를 파는 무기상 역할을 했다는 것이다! 그 당시 말과 병거는 오늘날의 탱크와 같다. 또한 헷 사람들은 오늘날의 테러집단과 같다. 사실, 헷 사람이라는 단어의 어원은 문자 그대로 '테러'(공포, 두려움)1)를 의미한다. 헷 사람들은 그 당시의 테러집단이었는데, 솔로몬이 그들에게 무기를 판 것이다!

만약 오늘날 이스라엘의 수상이 ISIS나 헤즈볼라 또는 하마스에게 탱크와 폭탄을 판다면, 그것이 이스라엘에게 얼마나 치명적일지 상상할 수 있는가? 물론 몇몇 정치 지도자들이 적군에게 무기 판매하길 좋아한다는 것은 알고 있다. 하지만 베냐민 네타냐후 수상이 이란에 핵연료를 지원한다면 어떻게 되겠는가? 미친 짓일 것이다. 그렇지 않은가? 한 국가의 지도자가 취할 수 있는 행동으로 그보다 더 어리석은 일은 없을 것이다.

신명기 7장 1-2절에서 주님은 이스라엘 백성에게 약속의 땅에 입성한 후 절대로 가나안의 원주민들과 언약을 맺지 말라고 명령하셨다. 그분은 가나안 일곱 족속 중 헷 족속을 가장 먼저 언급하셨다. 그런데 그들에게 솔로몬이 무기를 판 것이다.

솔로몬은 말의 수를 늘렸을 뿐만 아니라 애굽에 매매상을 보내어 말을 샀고, 이스라엘의 원수들과 언약을 맺고 거래까지 하였다. 이 모든 것은 하나님께서 하지 말라고 명령하신 것들이었다. 사실 이러한 행위들은 경제적으로 이득이 큰 거래로, 이를 통해 솔로몬은 엄청난 부를 축적했을 것이다. 그러나 그와 동시에 그는 율법을 어기는 죄를 범하였다. 솔로몬은 자신이 너무 현명해서 하나님의 명령이 자신에게는 해당되지 않는다고 생각했던 것일까? 아니면 원수들과의 거래가 이스라엘에 평화를 가져올 것이라고 생각한 것일까?

2. 솔로몬은 수많은 아내들을 두었고, 이방 여인들과도 결혼하였다.

신명기 17장 17절은 왕이 아내를 많이 두어 그의 마음이 하나님으로부터 돌아서지 않게 하라고 말한다. 그런데 열왕기상 11장 3절에는 솔로몬에게 "후궁이 칠백 명이요 첩이 삼백 명이라 그의 여인들이 왕의 마음을 돌아서게 하였더라"고 기록되어 있다.

솔로몬에게는 아내를 많이 두는 것이 금지되었을 뿐 아니라, 이방 여인과 결혼할 수도 없었다. 신명기 7장에서 하나님은 이스라엘 백성에게 이방인들과 결혼하지 말라고 말씀하셨다. 왜냐하면 이방인들이 하나님 따르는 것으로부터 돌아서서 우상을 섬기게 하여 주님의 분노를 일으켜 이스라엘이 갑자기 멸망당할 수도 있기 때문이었다. 하나님께서는 구체적으로 가나안 원주민들에 대해 언급하셨다. 그런데 솔로몬이 이것을 몰랐다고 변명할 수 있을까? 우리는 구약의 율법에 지금의 헌법과 동등한 권위가 있었다는 사실을 기억해야 한다.

평화를 유지하기 위해 이방 왕의 딸들과 결혼하는 것보다 더 좋은 방법이 있을까? 그것이 인접 국가들과 평화를 유지하는 방법이기는 했으나 하나님의 명령에 대한 직접적인 모욕이었다. 솔로몬은 이방 여인들과의 결혼으로 평화를 얻었지만, 그에 대한 엄청난 대가를 지불해야 했다. 적그리스도는 어떻게 평화를 가져오는가? 하나님의 율법을 통해서인가, 아니면 정치적 수단을 통해서인가?

솔로몬은 자신이 어떤 것에도 영향을 받지 않을 정도로 충분히 현명하다고 생각함으로, 두 번이나 하나님께 오만하게 굴었다. 그는 자신의 일에 대해 너무 현명하였다. 솔로몬은 하나님의 지시를 완전히 무시하고 바로의 딸을 비롯하여 모압과 암몬, 에돔, 시돈, 헷 등 수많은 이방 여인들을 아내로 삼았다. 그들은 모두 주님께서 이스라엘 자녀들에게 통혼하지 말라고 말씀하신 나라의 여인들이었다(왕상 11장).

솔로몬은 이방 여인들과 사랑에 빠졌고, 그들은 그의 마음을 하나님으로부터 돌아서게 하였다. "솔로몬의 나이가 많을 때에 그의 여인들이 그의 마음을 돌려 다른 신들을 따르게 하였으므로 왕의 마음이 그의 아버지 다윗의 마음과 같지 아니하여 그의 하나님 여호와 앞에 온전하지 못하였으니"(왕상 11:4).

'결합하다'(joined)로 번역된 히브리어는 '다바크'(דבק)²⁾인데, '추구함으로 착 들러붙다, 부착하다, 붙잡다'라는 의미이다. 이 말은 여인들이 솔로몬을 유혹하기 위해 좇아온 것이 아니라 솔로몬이 여인들을 추구한 것임을 보여 준다! 잠언 6장 18절에서 하나님이 미워하시는 것 중 하나가 "빨리 악으로 달려가는 발"이라고 했는데, 그런 의미에서 이것은 솔로몬에게 좋은 소식이 아니다.

솔로몬에게는 별명이 하나 있었다. 잠언 31장에서 (유대 문학에 따라) 그는 르무엘로도 알려져 있었다. 여기 명성이 높은 21세기 미드라시(유대교 주석)에 잠언 31장 1절의 르무엘에 대한 흥미로운 해석이 있다.

> 왜 솔로몬이 르무엘로 불렸는가? 랍비 이쉬마엘은 말했다. 솔로몬이 성전 건축을 마친 날 밤, 파라오의 딸인 바트야와 결혼했다. 그는 성전 건축보다 파라오의 딸로 인한 기쁨이 훨씬 컸다 … 그리고 그에게 르무엘이란 이름이 붙여졌는데, 왜냐하면 그가 하늘 왕국을 숭배하는 부담을 스스로 벗어 버렸기 때문이다. 그래서 [LAMA LO EL] 또는 "무엇 때문에 그에게 하나님이 필요한가?"라는 뜻이 되었다.[3]

솔로몬이 '여자를 좇아다니는 행각'에 대해 그의 어머니가 어떻게 생각했는지 아는가? 잠언 31장은 현숙한 여인에 대해 묘사하는데, 이 잠언이 어떻게 시작되는지 보라.

> 르무엘 왕이 말씀한 바 곧 그의 어머니가 그를 훈계한 잠언이라 내 아들아 내가 무엇을 말하랴 내 태에서 난 아들아 내가 무엇을 말하랴 서원대로 얻은 아들아 내가 무엇을 말하랴 네 힘을 여자들에게 쓰지 말며 왕들을 멸망시키는 일을 행하지 말지어다 (잠 31:1-3)

이 구절은 유대인 출판협회에서 펴낸 타나크에 더 정확하게 번역되어 있다. 거기에는 "그의 어머니가 그를 훈계한 잠언이라" 대신 "그의 어머니가 그를 교정하려고 했던 마음의 짐이라"고 번역되어 있다! 놀랍게도 솔로몬의 어머니가 그의 행동에 대해 꾸짖고 있었다! 이 잠언 전체는 자신의 아들인 솔로몬을 꾸짖는 것으로, 주요 내용은 다음과 같다. 첫째, 그가 너무 많은 포도주를 마시는 것을 멈추어야 하는데, 그것이 하나님의 율법을 잊게 하고 그의 판결을 치우치게 할 수 있기 때문이다. 둘째, 의롭게 재판하고 궁핍한 자의 사정을 변호해야 한다. 셋째, 한 명의 현숙한 여인으로 만족해야 한다.

느헤미야 시대까지 이어진 범죄

솔로몬의 통치 400년 후에도 그는 여전히 이스라엘에게 악영향을 끼쳤다. 느헤미야는 성전이 파괴된 이후 성벽을 다시 재건하였는데, 그는 유대인들이 아스돗과 암몬, 모압 여인들과 결혼한 것을 보고 통탄하였다. 암몬과 모압 사람들은 자신의 자녀를 우상에게 바쳤다. 이에 대해 느헤미야는 다음과 같이 말한다.

내가 그들을 책망하고 저주하며 그들 중 몇 사람을 때리고 그들의 머리털을 뽑고 이르되 너희는 너희 딸들을 그들의 아들들에게 주지 말고 너희 아들들이나 너희를 위하여 그들의 딸을 데려오지 아니하겠다고 하나님을 가리켜 맹세하라 하고 또 이르기를 옛적에 이스라엘 왕 솔로몬이 이 일로 범죄하지 아니하였느냐 그는 많은 나라 중에 비길 왕이 없이 하나님의 사랑을 입은 자라 하나님이 그를 왕으로 삼아 온 이스라엘을 다스리게 하셨으나 이방 여인이 그를 범죄하게 하였나니 너희가 이방 여인을 아내로 맞아 이 모든 큰 악을 행하여 우리 하나님께 범죄하는 것을 우리가 어찌 용납하겠느냐 (느 13:25-27)

솔로몬의 통치 이후 오랜 시간이 지났음에도 여전히 그의 범죄가 후대에 거론되고 있는데, 이것은 분명 좋은 일은 아니다.

3. 솔로몬은 은과 금을 모았다.

신명기 17장에서 하나님은 이스라엘의 왕이 자신을 위해 은과 금을 많이 쌓지 말아야 한다고 말씀하셨다. 그런데 열왕기상 10장 21절에는 "솔로몬 왕이 마시는 그릇은 다 금이요"라고 기록되어 있다. 이 말씀을 보면 솔로몬이 은과 금을 많이 모았음을 알 수 있다. 그는 또한 3년에 한 번씩 배로 금과 은, 상아, 원숭이, 공작을 실어 왔다(22절).

당시 솔로몬의 명성이 널리 퍼져 그의 지혜를 들으러 오는 사람들이 많았다. 그들은 모두 예물을 가지고 왔는데, 예물에는 품목과 양이 정해져 있었다(왕상 10:25). 또한 매년 솔로몬이 거두어들인 세입금의 무게는 금 666달란트였다(왕상 10:14). 매년 666달란트의 금이 들어온 것이다!

성경은 우리에게 교훈을 주고, 세상의 마지막 때에 본이 되기 위해 기록되었다. 우리가 역사로부터 배우는 한 가지는 우리가 역사로부터 배우지 않는다는 것이다!

이제 요한계시록으로 가보자.

지혜가 여기 있으니 총명한 자는 그 짐승의 수를 세어 보라 그것은 사람

의 수니 그의 수는 육백육십육이니라 (계 13:18)

자, 여기에 세 개의 연결점이 있다. 그냥 사람이 아니라 지혜와 666이라는 수와 관련된 사람이다. 참으로 흥미롭지 않은가? 성경에서 666이라는 수는 딱 두 번 나오는데, 하나는 솔로몬의 금 매매 및 지혜와 관련된 구절이고, 다른 하나는 적그리스도와 관련된 구절이다.

4. 솔로몬은 토라의 사본을 필사해야 했다.

신명기 17장에서 하나님은 왕위에 오른 왕이 레위인 제사장들 앞에서 토라의 사본을 써야 한다고 말씀하셨다. 솔로몬은 그것을 읽을 뿐만 아니라 직접 써야 했다. 그는 하나님의 말씀을 받아들이고 율법을 마음에 두어야 했다.

왕은 자신을 위해 대신 필사해 줄 사람을 둘 수 없었다. 제사장직이 왕권과 분리된 이후, 레위인 제사장들은 왕을 견제하는 역할을 담당했다. 그들은 왕이 위험에 처하지 않도록 도와야 했다. 누군가가 왕이 토라를 필사할 때, 실수하거나 그 내용을 바꾸지 않도록 확인하며 어깨너머로 보고 있어야 했다. 그들은 또한 왕의 질문에 답하기 위해 자리를 지켜야 했다.

19절에 따르면, 왕은 주님을 경외하고 그의 율법에 순종하기 위해 평생 필사본을 옆에 두고 읽어야 했다. 더욱이 그것은 "그의 마음이 그의 형제 위에 교만하지 아니하고 이 명령에서 떠나 좌로나 우로나 치우치지 아니하기" 위함이었다. 그러므로 이스라엘의 왕들은 자신만의 필사본을 가지고 있어야 할 뿐 아니라, 하나님의 율법을 가까이 두고 매일 그것을 읽어야 했다. 그들은 자신이 더 높은 권위자에게 종속되어 있다는 사실을 날마다 인정해야 했다.

2천여 년 전 고대 유대 문학 중 흥미로운 이야기가 있다. 솔로몬이 필사본을 쓸 때, 자신이 너무 지혜롭다고 여긴 나머지 스스로 편집자가 되어 하나님의 말씀에 몇 가지 변화를 주기로 결정했다고 한다. 결국, 그가 교만해진 것이다!

예수님이 "율법의 일점 일획도 결코 없어지지 아니하고 다 이루리라"(마 5:18)고 하셨을 때, 그것은 솔로몬 왕에 대한 직접적인 언급이었다! 일점이라는 것은 '요드'(yud)로 알려진 히브리어 알파벳 중 가장 작은 글자를 말한다.

솔로몬이 토라를 두루마리에 필사하면서 "그에게 아내를 많이 두어 그의 마음이 미혹되게 하지 말 것이며 자기를 위하여 은금을 많이 쌓지 말 것이니라"(신 17:17)는 구절에 이르렀을 때, 그 단어의 첫 글자인 '요드'를 뺐다고 한다. 히브리어로 "그가 ~을 쌓지 말 것이니라"는 문장은 '야르베'(ירבה)이다. 그런데 여기서 '요드'를 빼면 그것은 '라바'(רבה)가 되어 "그가 ~을 쌓지 않았다"를 의미하게 된다. 동사의 시제를 바꾸어 버린 것이다. 이렇게 시제를 바꿈으로, 그것은 더 이상 그가 아내의 수를 늘리지 않는 것이 강제적 조항인 "그가 ~하지 말 것이니라"가 아니라 그의 대단한 지혜로 그가 아내를 늘리는 것이 그의 마음을 빗나가게 하지 않을 것이라는 의미를 담은 문구로 바뀌었다.

D. 토마스 랭커스터는 그의 책 《회복: 하나님의 토라를 예수님의 제

자들에게 돌려주기》(Restoration: Returning the Torah of God to the Disciples of Jesus)에서 유명한 고대의 미드라시에 대해 다뤘다. 랭커스터는 아내를 늘리지 말라는 명령의 이유를 솔로몬이 얼마나 부지런히 연구했는지에 대해 언급하면서, 다음과 같이 말한다. "왕에 대해 하나님이 왜 '자신을 위해 아내를 많이 두지 말아야 한다'고 명령하셨는가? 그것은 단지 그의 마음이 돌아서지 않게 하기 위함이었을까? 자, 그렇다면 나는 아내를 많이 두고도 마음이 돌아서지 않을 것이다!"4)

자신의 지혜를 과신한 솔로몬은 그 명령의 배후에 있는 이유를 이해했다고 여겼다. 그는 자신이 너무 지혜로워서 마음이 빗나가지 않도록 지킬 수만 있다면, 아내를 얼마든지 많이 두어도 된다고 생각했다. 그가 율법의 원칙들을 이해하기 때문에, 문자 그대로 율법에 순종하지 않아도 된다고 생각한 것이다. 이론적 근거는 "나는 토라의 명령이 무엇을 의미하는지 실제로 안다. 그러므로 나는 그 명령을 지킬 필요가 없다!"이다. 미드라시는 계속해서 다음과 같이 말한다.

> 그때에 'יהוה'의 '요드'라는 문자가 하늘에 올라가 하나님 앞에 엎드려 말했다. "우주의 주인이시여! 당신께서는 토라에서 어떤 글자도 폐해서는 안 된다고 말씀하셨지 않습니까? 보소서, 솔로몬이 일어나서 하나를 폐했습니다. 누가 알겠습니까? 오늘 그가 한 글자를 폐했고, 내일도 그는 모든 토라가 무효화될 때까지 다른 글자를 폐할 것입니다!" 하나님께서는 "솔로몬이나 그와 같은 수천의 사람들이 지나갈 것이지만, 가장 작은 일획

도 너로부터 지워지지 않을 것이다"라고 대답하셨다.[5]

일획이란 히브리 글자 위에 있는 작은 관을 말한다. 즉 하나님은 가장 작은 글자의 가장 작은 관조차도 지워지지 않을 것이라고 말씀하신 것이다! 솔로몬에 대한 이 역사적 기록은 예수님이 "율법의 일점일획도 결코 없어지지 아니하고"라고 말씀하시기 오래전부터 존재했다. 따라서 예수님의 말씀은 바로 이것에 대한 것이었고, 그 말을 듣는 청중들은 그 뜻을 이해했을 것이다!

랭커스터는 계속해서 우리가 하나님의 명령을 무시할 수 있는 특별 사면권을 가지고 있는지 묻는다. 우리 스스로를 이스라엘 왕들 위에 놓을 것인가? 우리가 임의로 하나님이 말씀하신 것을 무효화할 수 있다고 생각하여 스스로 편집자가 되지는 않는가?

"솔로몬의 나이가 많을 때에 그의 여인들이 그의 마음을 돌려 다른 신들을 따르게 하였으므로"(왕상 11:4)와 관련하여 미드라시는 이 구절이 영원히 기록되기보다는 차라리 그가 하수구를 청소하는 것이 더 나았을 것이라고 말한다. 랭커스터는 그의 책에서 이렇게 말한다. "기독교 이론에서 우리는 토라의 문장과 구절, 장들을 지워 버렸다. 왜냐하면 우리 자신이 토라보다 더 지혜롭다고 생각하기 때문이다 … 우리는 이런 단서를 예슈아보다는 솔로몬 왕으로부터 취했다. 만약 그렇다면, 우리가 신학으로 장난치기보다는 차라리 하수구를 청소하는 것이 더 나을 것이다."[6]

안식년

이스라엘은 7년 주기를 지켜야 했다. 그리고 매년 모든 남자는 유월절과 오순절(유대인들은 칠칠절로 지켰다), 장막절에 예루살렘에 가야 했다. 이때 여자와 아이들이 같이 가도 되지만, 필수사항은 아니었다. 그러나 안식년으로 알려진 매 7년째 되는 해에는 이스라엘에 사는 모든 남자와 여자, 아이들 그리고 이방인들까지 예루살렘에 가야 했다.

안식년에는 이스라엘의 왕이 토라의 특정 부분을 읽고, 이스라엘의 모든 사람은 하나님께서 명령하신 것을 들어야 했다. 당시에는 사람들이 개인적으로 토라 두루마리를 소유할 수 없었다. 그러므로 백성들은 하나님이 그들과 왕에게 요구하시는 것을 배워야 했다.

하나님께서 7년마다 왕이 읽기 원하셨던 내용에는 이스라엘 왕이 해야 할 것과 하지 말아야 할 것에 관한 구절이 모두 포함되어 있다. 나는 종종 솔로몬이 읽어야 하는 부분을 빼고 넘어가지 않았을까 생각해 본다. 어쩌면 그 부분을 읽으면서 헛기침을 하여 사람들이 알아채지 못하게 했을지도 모른다.

5. 솔로몬은 이교도 제단을 헐기보다는 앞장서서 그것을 세웠다.

신명기 7장 5절로 가서, 이스라엘 사람들이 우상을 섬기는 가나안 백성들을 다루기 위해 명령받은 것이 무엇인지 살펴보자. 하나님께서는 그들의 제단을 헐고, 신전 기둥을 무너뜨리고, 나무 형상을 찍어 불태우라고 말씀하셨다. 이 부분에 대해 나이 든 솔로몬이 얼마나 현명하게 행하는지 보자.

열왕기상 11장은 솔로몬이 사랑했던 이방 여인들에 대해 언급하면서 그가 어떻게 주님의 목전에서 악을 행했는지를 말한다. "모압의 가증한 그모스를 위하여 예루살렘 앞산에 산당을 지었고 또 암몬 자손의 가증한 몰록을 위하여 그와 같이 하였으며"(7절). 그는 또한 이방 여인들을 위하여 그들의 신들에게 분향하며 제사하였다(8절).

몰록은 매우 잔혹한 신이었는데, 몰렉, 밀곰, 말감으로도 알려져 있다. 이 단어는 히브리어로 왕을 뜻하는 '멜렉'에서 파생된 것으로 보인다. 즉 몰록이 그들의 왕이었던 것 같다. 모압인들은 이를 그모스로 알았으며, 자신의 자녀들을 산 채로 불에 태워 바침으로 그를 숭배했다. 심지어 이스라엘 백성들조차 이러한 이교도 숭배에 참여하여 도벳으로 알려진 예루살렘 옆 골짜기에서 이 우상에게 자신들의 첫 아이를 바치기도 했다. 히브리어로 도벳은 '북'을 의미하는데, 아이들을 희생제물로 바칠 때 그들의 울부짖음을 잠재우기 위해 북을 쳤기 때문이다. 하나님께서는 이스라엘의 몰록 숭배를 호되게 꾸짖으셨다.

> 여호와께서 말씀하시되 유다 자손이 나의 눈앞에 악을 행하여 내 이름으로 일컬음을 받는 집에 그들의 가증한 것을 두어 집을 더럽혔으며 힌놈의 아들 골짜기에 도벳 사당을 건축하고 그들의 자녀들을 불에 살랐나니 내가 명령하지 아니하였고 내 마음에 생각하지도 아니한 일이니라 (렘 7:30-31)

하나님은 레위기 18장 21절에서 이스라엘 백성에게 자녀를 몰록에게 바치지 말라고 명령하셨다. 또한 레위기 20장 1-5절에서는 이스라엘 백성과 그들의 땅에 살고 있는 어떤 이방인도 아이를 몰록에게 바치면 정녕코 돌에 맞아 죽임을 당할 것이라고 말씀하셨다. 그리고 누군가가 아이들을 몰록에게 바치는 것을 눈감아 주고 그를 죽이지 아니하면, 하나님께서 그 사람과 그의 가족에게 진노하시고, 그와 그를 따라 음행의 길로 가며 몰록과 행음하는 모든 자를 백성 가운데서 끊으시겠다고 하셨다. 그렇다면 이스라엘은 언제부터 이 이방신을 숭배하기 시작했으며, 도대체 누가 몰록 숭배 사상을 제정했는가? 왜 모든 사람이 이것을 눈감아 주었는가?

에스겔 18장 21-24절의 말씀대로, 우리의 인생이 어떻게 끝나는가는 매우 중요하다. 이것은 "솔로몬의 나이가 많을 때"(왕상 11:4)라는 구절에 의미를 더하는데, 안타깝게도 그는 말년에 주님을 따르는 길에서 돌아섰다. 그리고 그는 시돈 사람의 여신 아스다롯과 암몬 사람의 가증한 밀곰을 따랐다(5절). 7-8절은 계속해서 다음과 같이 말한다. "모압의 가증한 그모스를 위하여 예루살렘 앞 산에 산당을 지었고 또 암몬 자손의 가증한 몰록을 위하여 그와 같이 하였으며 그가 또 그의 이방 여인들을 위하여 다 그와 같이 한지라 그들이 자기의 신들에게 분향하며 제사하였더라."

솔로몬과 그의 아내들이 행한 것들을 미루어 볼 때, 이스라엘 사람들이 솔로몬의 지위 때문에 그의 악행을 눈감아 주었다고 생각하지 않는가? 그 나라 전체가 그랬을 뿐만 아니라, 그 이후 300년 동안 이스라엘은 솔로몬이 세워 놓은 본을 따랐다. 그러다가 예레미야 시대에 요시야 왕이 정권을 잡았다.

> 또 예루살렘 앞 멸망의 산 오른쪽에 세운 산당들을 왕이 더럽게 하였으니 이는 옛적에 이스라엘 왕 솔로몬이 시돈 사람의 가증한 아스다롯과 모압 사람의 가증한 그모스와 암몬 자손의 가증한 밀곰을 위하여 세웠던 것이며 (왕하 23:13)

감람산은 이제 타락의 산이 되었다! 나는 이것이 이스라엘과 예루살렘 그리고 성전이 파괴된 이유라고 생각한다. 그렇다. 많은 사람들이 말하듯이, 서로를 향한 근거 없는 미움이 파멸에 중요한 역할을 한다. 나는 하나님과 그분의 공정한 율법을 향한 근거 없는 미움이 결정적인 역할을 했다고 생각한다.

하나님은 이스라엘 백성을 위해 최선을 다하셨다. 모든 방법을 동원하여 그들을 축복하셨는데, 그들은 하나님을 잊고 그들이 누리는 모든 것이 자신들의 능력 때문이라고 생각했다. 누군가를 사랑해서 그를 위해 모든 것을 다했는데, 결국 그 사람이 등을 돌리는 일을 경험한 적 있는가? 하나님은 솔로몬을 무척 사랑하셨다. 그분은 그에게 명성과 부와 능력과 지혜를 거저 주셨지만, 솔로몬은 감사하는 마음이 없었다. 나는 이 사실에 매우 놀랐다.

우리는 실패하기에는 사업이 너무 크고, 정치인들에게 책임을 묻기에는 그들이 너무 위대하다고 말한다. 인간은 절대 변하지 않는다. 인간은 자신들이 우상화한 자라면 누구든 받들어 모시면서, 그에게 사람의 법뿐 아니라 하나님의 율법에 대한 사면권까지 준다.

그러나 하나님은 모든 것을 보고 계시며, 하나님의 율법을 무시하는 지도자를 징치하지 않고 내버려 두는 나라를 용납하지 않으신다. 안타깝게도 너무도 많은 사람들이 경건하지 못한 리더십을 따르면서 멸망의 길을 가도록 허락한다. 이것이 바로 사람들이 적그리스도를 위해 극성을 부리는 이유이다. 그는 명성이 높고 부요하며, 절대적인 권력을 가지고, 지혜로 가득 차 있을 것이다. 이런 사람을 누가 따르지 않겠는가?

우리는 자신이 들은 대로 행한다. 아마 적그리스도는 우리가 예수님을 지키도록 허락할 것이다. 동시에 그 또한 인정해야 할 것이다! 우리는 왜 천천히 끓는 물속의 개구리처럼 맹목적으로 눈을 감는 것에 익숙해지고 있다는 것을 알지 못한 채, 자신은 적그리스도에 빠지지 않을 것이라고 자부하는가?

하나님은 솔로몬에게 분노하셨다. 그에게 두 번이나 나타나셔서 우상들을 섬기지 말라고 명하신 하나님으로부터 그가 돌아섰기 때문이다. 그런 그에게 하나님은 다음과 같이 말씀하셨다. "네게 이러한 일이 있었고 또 네가 내 언약과 내가 네게 명령한 법도를 지키지 아니하였으니 내가 반드시 이 나라를 네게서 빼앗아 네 신하에게 주리라"(왕상 11:11).

이 글이 당신을 흔들어 놓지 못한다면, 당신의 영이 살아 있는 것인지 스스로 점검해 보기 바란다! 솔로몬은 하나님께서 명령하신 대로 산당과 제단들을 무너뜨리지 않았을 뿐만 아니라, 오히려 앞장서서 산당들을 지었다. 더욱이 하나가 아니라 모든 이방인 아내가 그들의 우상에게 제사를 지낼 수 있도록 수많은 이교도 제단을 만들었다.

솔로몬이 예루살렘 동쪽 언덕에 건축한 제단들은 그모스와 몰록, 모압과 암몬의 가증한 것들을 위한 것이었다. 그것은 그가 감람산 위에 이교도의 제단들을 지었음을 의미한다. 그의 아내들은 거기서 우상들에게 향을 피우고 제사를 드렸다.

암몬과 모압의 가증한 것은 그들의 신인 몰록에게 자신의 첫 자녀를 바치는 것을 말한다. 이것은 솔로몬이 그의 아내들로 하여금 그의 자녀들을 이교도 우상에게 바치도록 허락했음을 의미한다! 하나님께서는 레위기 18장 21절에서 분명히 "너는 결단코 자녀를 몰렉에게 주어 불로 통과하게 함으로 네 하나님의 이름을 욕되게 하지 말라 나는 여호와이니라"고 명령하셨다.

여기에서 몇 가지 구절들을 비교해 보자.

여호와께서 모세에게 말씀하여 이르시되 너는 이스라엘 자손에게 또 이르라 그가 이스라엘 자손이든지 이스라엘에 거류하는 거류민이든지 그의 자식을 몰렉에게 주면 반드시 죽이되 그 지방 사람이 돌로 칠 것이요 (레 20:1-2)

모압의 가증한 그모스를 위하여 예루살렘 앞 산에 산당을 지었고 또 암몬 자손의 가증한 몰록을 위하여 그와 같이 하였으며 (왕상 11:7)

이것은 솔로몬과 그의 아내들이 돌에 맞아 죽어 마땅한 죄를 지었음을 말해 준다! 지위가 높은 정치인들이 불법을 저지르고도 책임을 지지 않고 벗어나는 것을 상상할 수 있는가?

여기에 솔로몬은 하나님의 명령을 거슬러 수많은 여인들과 결혼했고, 심지어 암몬과 모압 등 다수의 이방 여인들과도 결혼하였다. 그리고 그들의 제단을 허는 대신, 그것들을 손수 지어서 그의 자녀를 몰렉(몰록)과 그모스에게 바치기까지 하였다! 르호보암의 아버지는 솔로몬이었고, 그의 어머니는 암몬 사람이었다(왕상 14:31).

솔로몬은 자신의 자녀를 몰록에게 바친 첫 왕으로, 그를 따르는 모든 사람의 첫 번째 예가 되었다. 이 얼마나 참담한 일인가! 생각해 보라. 하나님께서 이방 여인들과 결혼하는 것과 그들의 우상에게 제사하는 것에 대해 솔로몬에게 두 번이나 경고하셨는데, 솔로몬은 두 번 다 하나님 앞에 오만하게 굴었다! 솔로몬은 하나님이 친히 그의 왕국을 나누겠다고 말씀하셨을 때에 살아 있었다. 이 말씀을 들은 후 솔로몬이 얼마나 오래 살았는지 궁금하다. 우리는 솔로몬의 악한 영향력이 400년이 지나서도 여전했다는 것을 안다! 결국 그의 후손인 요시야 왕이 그 상황을 바로잡아야 했다.

솔로몬은 예루살렘 동쪽 산에 그모스를 위한 산당을 지었다(왕하 23:13). 그 산은 지금의 감람산을 말하는데, 솔로몬의 만행으로 당시에는 타락의 산으로 알려져 있었다.

솔로몬의 발자취를 따라 이스라엘은 400년 동안이나 자녀를 제물로 바치는 관행을 계속했다. 예레미야서에서 예루살렘 사람들이 우상에게 자녀를 바치는 것에 대해 하나님이 격노하며 한탄하시는데, 그것은 솔로몬이 시작함으로 치명적인 영향을 끼친 관행이었다.

> 이 성이 건설된 날부터 오늘까지 나의 노여움과 분을 일으키므로 내가 내 앞에서 그것을 옮기려 하노니 이는 이스라엘 자손과 유다 자손이 모든 악을 행하여 내 노여움을 일으켰음이라 그들과 그들의 왕들과 그의 고관들과 그의 제사장들과 그의 선지자들과 유다 사람들과 예루살렘 주민들이 다 그러하였느니라 그들이 등을 내게로 돌리고 얼굴을 내게로 향하지 아니하며 내가 그들을 가르치되 끊임없이 가르쳤는데도 그들이 교훈을 듣지 아니하며 받지 아니하고 내 이름으로 일컫는 집에 자기들의 가증한 물건들을 세워서 그 집을 더럽게 하며 힌놈의 아들의 골짜기에 바알의 산당을 건축하였으며 자기들의 아들들과 딸들을 몰렉 앞으로 지나가게 하였느니라 그들이 이런 가증한 일을 행하여 유다로 범죄하게 한 것은 내가 명령한 것도 아니요 내 마음에 둔 것도 아니니라 (렘 32:31-35)

이 구절은 성경에서 가장 믿기지 않는 구절이다. 사울과 다윗 왕은 절대 그들의 자녀를 몰록에게 바치지 않았다. 솔로몬 왕이 처음으로 이 관행을 제정한 왕이었다.

라파엘 파타이는 《히브리 여신》(The Hebrew Goddess)에서 적어도 솔로몬의 성전이 건재했던 370년 중 236년 동안(전체의 2/3에 해당하는 기간 동안) 아세라 상이 성전 구역에 있었다고 말한다.[7]

솔로몬의 유산

솔로몬의 악행은 후손들에게 치명적인 영향을 끼쳤다. 그의 아들들이 하나님으로부터 돌아섰을 뿐만 아니라, 그의 후손들 또한 솔로몬의 어리석음을 따랐다. 솔로몬이 전도서 8장 11절에 "악한 일에 관한 징벌이 속히 실행되지 아니하므로 인생들이 악을 행하는 데에 마음이 담대하도다"라고 썼듯이, 스스로 악을 행했다.

종종 내가 솔로몬이라고 가정하고 모든 일이 잘될 때에 그것이 하나님의 축복의 결과가 아니라 그분이 그냥 내버려 두시는 것일 수도 있다고 생각하면, 정신이 번쩍 든다. 예레미야 선지자가 주님은 의로우시다고 주장하면서도 "악한 자의 길이 형통하며 반역한 자가 다 평안함은 무슨 까닭이니이까"(렘 12:1)라고 호소했던 것을 상고해 보라. 시편 기자도 악인의 형통함을 보고 오만한 자를 질투하였다고 하면서 이 문제에 대해 언급했다(시 73:3). 그는 하나님의 전에 들어가 그들의 종말을 이해하기까지 이러한 생각 때문에 매우 고통스러웠다고 말한다.

나는 이것이 형통한 사람들에게 동일하게 적용된다고 말하는 것은 아니다. 다만 우리가 형통할 때, 그것이 꼭 하나님이 우리에게 은총을 베풀어 주시는 것이 아닐 수도 있음을 말하고 싶은 것이다. 우리는 넘어지기 쉬운 곳에 있을 수 있다. 그럼에도 우리의 성공에 대해서는 하나님께 영광을 돌리는 것이 더 낫다. 그런데 솔로몬은 자신의 성공에 대한 공로를 자신에게 돌렸다.

신명기 8장 17-20절에서 하나님은 재물 얻을 능력이 하나님이 주신 것이 아닌 자신의 능력이라고 생각하는 자들에게 특별히 경고하신다. 그분은 오만하며 우상을 따르고 숭배하는 자들은 반드시 멸망한다고 선포하셨다. 솔로몬의 통치 기간 동안 이스라엘은 이 부분에서 절정에 달했던 것이 아닐까? 솔로몬은 모든 명예와 부, 권세를 가졌었다. 이제 솔로몬이 하나님 나라를 확장하기 위해 그리고 하나님의 사랑을 세상에 보이기 위해 무엇을 했는지 살펴보자.

9장
이스라엘의 영광스러운 날들

잠시 선지자 에스겔이 설명한 솔로몬의 부귀영화와 그가 그것을 어떻게 다루었는가에 대해 살펴보자. 솔로몬의 지혜가 동방과 애굽 모든 사람의 지혜를 능가했다고 말한 구절을 기억하기 바란다. 이스라엘에 대해 하나님이 모든 영광을 받기에 합당하신 분임에도, 솔로몬은 스스로 모든 영광과 명성을 취하였다. 하나님이 어떻게 이스라엘을 돌보셨는가를 열거하는 에스겔 16장 10-14절의 내용은 솔로몬을 빗대어 말하는 듯하다.

하나님께서 우리를 축복하실 때, 종종 어떤 일이 일어나는가? 우리는 하나님을 잊고 스스로 영광을 취하여 자신의 지혜를 신뢰하고 계속 반항한다. 다음은 정확하게 솔로몬이 행한 것과 하나님께서 솔로몬이 행했다고 말씀하시는 내용이다.

그러나 네가 네 화려함을 믿고 네 명성을 가지고 행음하되 지나가는 모든 자와 더불어 음란을 많이 행하므로 네 몸이 그들의 것이 되도다 네가 네 의복을 가지고 너를 위하여 각색으로 산당을 꾸미고 거기에서 행음하였나니 이런 일은 전무후무하니라 네가 또 내가 준 금, 은 장식품으로 너를 위하여 남자 우상을 만들어 행음하며 또 네 수놓은 옷을 그 우상에게 입히고 나의 기름과 향을 그 앞에 베풀며 또 내가 네게 주어 먹게 한 내 음식물 곧 고운 밀가루와 기름과 꿀을 네가 그 앞에 베풀어 향기를 삼았나니 과연 그렇게 하였느니라 주 여호와의 말씀이니라 (겔 16:15-19)

이스라엘의 자녀들이 몰록에게 바쳐지는 것에 대해 하나님의 마음은 계속 깨어졌다. 그분은 다음과 같이 부르짖으신다.

또 네가 나를 위하여 낳은 네 자녀를 그들에게 데리고 가서 드려 제물로 삼아 불살랐느니라 네가 네 음행을 작은 일로 여겨서 나의 자녀들을 죽여 우상에게 넘겨 불 가운데로 지나가게 하였느냐 (겔 16:20-21)

정확하게 솔로몬이 이렇게 했다! 자기의 이방 아내들을 위해 산당과 신전까지 지어 준 자가 바로 솔로몬이다!

열왕기상 10장에는 스바 여왕에 대한 일화가 등장한다. 솔로몬이 그녀에게 무엇을 주었는가? "솔로몬 왕이 왕의 규례대로 스바의 여왕에게 물건을 준 것 외에 또 그의 소원대로 구하는 것을 주니"(왕상 10:13).

실제 누가 성전을 지었는가?

양을 돌보는 양치기였던 다윗은 하나님의 택함을 받아 왕이 되었다. 그러나 그의 아들 솔로몬은 양치기였던 적이 없다. 다윗은 백성들이 자원하여 섬기기 원했던 진정한 멜렉이었다. 또한 성전을 짓는 것은 다윗 왕의 소원이었지 솔로몬의 소원이 아니었다. 따라서 성전은 솔로몬이 아닌 다윗 성전으로 불러야 마땅하다. 실상 솔로몬은 성전과 거의 관계가 없다.

나의 주장에 반박하기 전에, 성전 건축과 관련된 이야기를 읽어 보라! 성전 건축에 대한 내용은 역대상 28장 11-13절에 잘 설명되어 있다.

> 다윗이 성전의 복도와 그 집들과 그 곳간과 다락과 골방과 속죄소의 설계도를 그의 아들 솔로몬에게 주고 또 그가 영감으로 받은 모든 것 곧 여호와의 성전의 뜰과 사면의 모든 방과 하나님의 성전 곳간과 성물 곳간의 설계도를 주고 또 제사장과 레위 사람의 반열과 여호와의 성전에서 섬기는 모든 일과 여호와의 성전을 섬기는 데에 쓰는 모든 그릇의 양식을 설명하고

솔로몬이 아닌 다윗이 하나님의 영에 의해 성전의 설계도를 만들고, 그것을 어떻게 관리해야 하는지 설명했다. 이것이 다가 아니다. 역대상 28장 14절은 다윗 왕에 대해 다음과 같이 말한다. "또 모든 섬기는 데에

쓰는 금 기구를 만들 금의 무게와 모든 섬기는 데에 쓰는 은 기구를 만들 은의 무게를 정하고." 그렇다면 다윗이 성전 건축에 필요한 모든 것을 준비한 사람이라고 할 수 있다. 심지어 다윗은 "여호와의 손이 내게 임하여 이 모든 일의 설계를 그려 나에게 알려 주셨느니라"(대상 28:19)고 말하였다. 이제 성전을 위해 성령의 감동으로 실제 모든 것을 계획하고 준비한 사람이 누구인지 정확히 알겠는가? 더 자세한 것을 확인하기 위해 다음 장으로 가보자.

　역대상 29장 1-5절에서 다윗 왕은 모든 백성에게 솔로몬이 어리고 경험이 없는 반면, 성전 건축은 매우 중요한 일이라고 말한다. 왜냐하면 성전은 사람을 위한 것이 아니고 하나님을 위한 것이기 때문이다. 그러면서 그는 "내가 이미 내 하나님의 성전을 위하여 힘을 다하여 준비하였나니 곧 기구를 만들 금과 은과 놋과 철과 나무와 또 마노와 가공할 검은 보석과 채석과 다른 모든 보석과 옥돌이 매우 많으며"(2절)라고 말한다. 그리고 그는 더 많은 것을 준비하였다. "성전을 위하여 준비한 이 모든 것 외에도 내 마음이 내 하나님의 성전을 사모하므로 내가 사유한 금, 은으로 내 하나님의 성전을 위하여 드렸노니 곧 오빌의 금 삼천 달란트와 순은 칠천 달란트라 모든 성전 벽에 입히며 금, 은그릇을 만들며 장인의 손으로 하는 모든 일에 쓰게 하였노니"(3-5절).

　다윗이 성전을 위해 개인적으로 드린 것들을 언급하자, 백성들은 마치 모세가 장막을 지었을 때와 같이 반응하였다. 역대상 29장 7-8절에는 백성들이 자원하여 가져온 물품의 목록이 나온다. 백성들과 다윗은 기쁨으로 충만하였다. "백성들은 자원하여 드렸으므로 기뻐하였으니 곧 그들이 성심으로 여호와께 자원하여 드렸으므로 다윗 왕도 심히 기뻐하니라"(대상 29:9).

솔로몬이 태어난 지 얼마 되지 않았을 때, 성전 건축을 위해 드려진 것들을 보라. 모든 백성이 자원하여 성전 건축에 필요한 것을 드렸다. 아래의 기도문에서 보듯이, 다윗은 왕이었음에도 불구하고 여전히 겸손하였다.

> 나와 내 백성이 무엇이기에 이처럼 즐거운 마음으로 드릴 힘이 있었나이까 모든 것이 주께로 말미암았사오니 우리가 주의 손에서 받은 것으로 주께 드렸을 뿐이니이다 우리는 우리 조상들과 같이 주님 앞에서 이방 나그네와 거류민들이라 세상에 있는 날이 그림자 같아서 희망이 없나이다 우리 하나님 여호와여 우리가 주의 거룩한 이름을 위하여 성전을 건축하려고 미리 저축한 이 모든 물건이 다 주의 손에서 왔사오니 다 주의 것이니이다 나의 하나님이여 주께서 마음을 감찰하시고 정직을 기뻐하시는 줄을 내가 아나이다 내가 정직한 마음으로 이 모든 것을 즐거이 드렸사오며 이제 내가 또 여기 있는 주의 백성이 주께 자원하여 드리는 것을 보오니 심히 기쁘도소이다 우리 조상들 아브라함과 이삭과 이스라엘의 하나님 여호와여 주께서 이것을 주의 백성의 심중에 영원히 두어 생각하게 하시고 그 마음을 준비하여 주께로 돌아오게 하시오며 또 내 아들 솔로몬에게 정성된 마음을 주사 주의 계명과 권면과 율례를 지켜 이 모든 일을 행하게 하시고 내가 위하여 준비한 것으로 성전을 건축하게 하옵소서 하였

더라 (대상 29:14-19)

설계도와 건축자재를 준비한 사람은 다윗이었다. 그리고 백성들도 자원하는 마음으로 필요한 물건들을 가져와 하나님의 영광을 위하여 성전을 건축할 준비가 되어 있었다. 그런데 그 다음 어떻게 되었는가? 아마도 솔로몬이 즉시 성전 건축을 시작했을 것이라고 생각할 것이다. 그런데 사실은 어떠한가? 솔로몬은 이스라엘을 통치한 지 4년이 되어서야 성전을 건축하기 시작했다(왕상 6:1).

그는 성전의 기초를 놓기 위해 4년을 기다렸다. 그리고 성전을 건축하는 데 7년이 걸렸다(왕상 6:38). 자신의 아버지가 일을 시작하기 위해 많은 것을 준비하였고 백성들이 자원하는 마음을 가졌는데, 솔로몬은 왜 4년이 지나서야 건축을 시작했는가? 왜냐하면 그에게는 자신만의 우선순위가 있었기 때문이다.

물론 그는 왕으로서 해야 할 일이 많았을 것이다. 그러나 우리는 열왕기상 7장을 통해 솔로몬이 자신의 집을 건축하는 데 13년이나 걸렸다는 사실을 알게 된다. 그리고 아내로 맞이한 바로의 딸을 위한 집도 지었다. 아마도 그 집은 매우 좋았을 것이다! 그렇다, 그는 자신의 집과 이교도 아내를 위한 집을 짓기에 바빴던 것이다. 다윗은 주님을 위한 성전 건축에 열정적이었지만, 솔로몬은 그렇지 않았다.

참으로 놀라운 것은 솔로몬의 아버지인 다윗이 성전 건축에 대해 남긴 충고이다. 그것은 시편 127편에 기록되어 있는데, 특별히 솔로몬을 위해 쓴 시편이었다.

> 여호와께서 집을 세우지 아니하시면 세우는 자의 수고가 헛되며 여호와
> 께서 성을 지키지 아니하시면 파수꾼의 깨어 있음이 헛되도다 (시 127:1)

다윗의 말이 얼마나 옳고 예언적인가! 여호와께서 집을 세우셔야 했던 것이지, 솔로몬이 하는 것이 아니었다. 이것이 솔로몬이 모든 영광을 취한 후, 모든 것이 헛되다고 말한 이유이다!

> 그 후에 내가 생각해 본즉 내 손으로 한 모든 일과 내가 수고한 모든 것
> 이 다 헛되어 바람을 잡는 것이며 해 아래에서 무익한 것이로다 (전 2:11)

성전 건축에 동원된 일꾼들에 대한 자세한 내용을 확인하기 위해 열왕기상 5장을 살펴보자. 솔로몬에게는 건축 자체만을 위해 3만 명의 일꾼이 있었고, 다른 7만 명은 자재 운반, 8만 명은 채석을 위한 일꾼이었으며 3,300명은 건축 과정을 감독하였다.

성전을 건축한 후 모든 영광을 솔로몬이 취했는데, 실상은 다음과 같다.

- 다윗이 설계도와 금, 은, 동, 철, 나무를 비롯하여 건축에 필요한 모든 재료를 준비하였다.
- 백성들은 5,000달란트와 10,000다릭의 금과 10,000달란트의 은, 18,000달란트의 놋, 100,000달란트의 철과 귀한 보석들을 가져왔다.

• 거의 200,000명의 일꾼들이 성전 건축에 동원되었다.

다른 사람이 한 일에 대해 기여한 바가 거의 없으면서 모든 영광을 취하는 상사를 본 적 있는가? 일을 감독한 것 외에 한 일이 없으면서 스스로 영광을 취하는 상사들이 많다. 우리는 다윗이 준비한 모든 것과 주님께 모든 영광을 돌린 그의 기도를 읽어 보았다. 그런데 솔로몬은 누구에게 영광을 돌리고 있는가?

솔로몬에게 그의 아버지와 같은 겸손이 있는지 확인하기 위해, 성전을 봉헌할 때의 그의 기도를 보자. 역대하 6장의 전체 기도문은 총 42절이지만, 지면상 핵심적인 구절들만 인용하였다.

그 때에 솔로몬이 이르되 여호와께서 캄캄한 데 계시겠다 말씀하셨사오나 내가 주를 위하여 거하실 성전을 건축하였사오니 주께서 영원히 계실 처소로소이다 하고 … 하나님이 참으로 사람과 함께 땅에 계시리이까 보소서 하늘과 하늘들의 하늘이라도 주를 용납하지 못하겠거든 하물며 내가 건축한 이 성전이오리이까 … 주의 백성 이스라엘에 속하지 않은 이방인에게 대하여도 그들이 주의 큰 이름과 능한 손과 펴신 팔을 위하여 먼 지방에서 와서 이 성전을 향하여 기도하거든 주는 계신 곳 하늘에서 들으시고 모든 이방인이 주께 부르짖는 대로 이루사 땅의 만민이 주의 이름을 알고 주의 백성 이스라엘처럼 경외하게 하시오며 또 내가 건축한 이 성전을 주의 이름으로 일컫는 줄을 알게 하옵소서 주의 백성이 그 적국과 더불어 싸우고자 하여 주께서 보내신 길로 나갈 때에 그들이 주께서 택하신 이 성과 내가 주의 이름을 위하여 건축한 성전 있는 쪽을 향하여 주께 기도하거든 … 자기들을 사로잡아 간 적국의 땅에서 온 마음과 온 뜻으로 주께 돌아와서 주께서 그들의 조상들에게 주신 땅과 주께서 택하신 성과 내가 주의 이름을 위하여 건축한 성전 있는 쪽을 향하여 기도하거든 (대하 6:1-2, 18, 32-34, 38)

이 기도에서 솔로몬은 다섯 번이나 성전 건축에 대한 모든 영광을 스스로 취하고 있다. 그는 한 번도 아버지나 일꾼들에게 공로를 돌리지 않았다.

솔로몬의 오만함

결혼식에서 신부가 아닌 다른 사람이 모든 사람의 관심을 끈다면, 신부의 기분이 어떻겠는가? 그런데 솔로몬이 그렇게 하였다. '솔로몬의' 성전으로 알려진 하나님의 성전 봉헌식에서 솔로몬이 모든 관심을 도둑질하여 자신에게 주목시키고 있다! 하나님의 영광을 위해야 했던 성전 봉헌 기도 후에는 무슨 일이 있었는가? 열왕기상 8장 62-63절에서 솔로몬 왕과 이스라엘의 모든 백성이 주님 앞에 제물을 드리고 있다. 여기에서 우리는 솔로몬이 주님께 드린 화목제의 희생제물이 22,000마리의 황소와 120,000마리의 양이었다는 것을 알게 된다!

나에게는 이것이 하나님께로 가야 할 관심을 솔로몬 자신에게로 끌려고 하는 시도로 보인다. 다음 구절을 보라. "그 날에 왕이 여호와의 성전 앞뜰 가운데를 거룩히 구별하고 거기서 번제와 소제와 감사제물의 기름을 드렸으니 이는 여호와의 앞 놋제단이 작으므로 번제물과 소제물과 화목제의 기름을 다 용납할 수 없음이라"(왕상 8:64).

이 장면에서 우리는 하나님의 제단이 솔로몬의 제물을 받기에 충분히 크지 않았음을 알게 된다! 히브리어로 '너무 작다' 또는 '너무 적다'로 번역된 이 문장은 솔로몬의 제물을 받기에 충분히 중요하지 않다는 의미를 함축한다.

나는 솔로몬이 성전 봉헌 기도에서와 마찬가지로, 제사를 드릴 때도 모든 관심을 자신에게 집중시키기 원했다고 생각한다. 간단히 말해서 그는 "내가 하나님을 위해 행할 수 있는 것을 보라! 성전 봉헌식에서 하나님의 제단이 나의 제물을 다 받을 수 없을 정도이다!"라고 말하고 있는 것이다. 솔로몬은 자신이 누구라고 생각하는 것인가? 그는 또한 자신이 제사장의 권위를 가지고 있어서 성전 앞뜰을 거룩하게 할 수 있다고 생각했다. 왜냐하면 하나님의 제단이 그의 고결한 제물을 감당할 만큼 충분히 크지 않기 때문이다! 이것은 참으로 통탄할 일이다.

사실 하나님께서는 솔로몬이 바친 수천의 제물이 필요하지 않았다. 하나님이 원하셨던 것은 그의 순종이었다. 이와 관련하여 미가 선지자는 다음과 같이 말한다. "여호와께서 천천의 숫양이나 만만의 강물 같은 기름을 기뻐하실까 내 허물을 위하여 내 맏아들을, 내 영혼의 죄로 말미암아 내 몸의 열매를 드릴까 사람아 주께서 선한 것이 무엇임을 네게 보이셨나니 여호와께서 네게 구하시는 것은 오직 정의를 행하며 인자를 사랑하며 겸손하게 네 하나님과 함께 행하는 것이 아니냐"(미 6:7-8). 여기에서 하나님은 우리에게 그분과 함께 겸손하게 행하라고 말씀하신다.

아모스는 다음과 같이 말한다. "두 사람이 뜻이 같지 않은데 어찌 동행하겠으며"(암 3:3). 하나님이 우리가 그분과 동행하면서 정의를 행하고 인자를 사랑하며 겸손하게 행하기 원하신다면, 이 모든 것은 그분이 가지고 계시는 특성들일 것이다!

이사야 선지자는 다음과 같이 선포한다. "보라 그에게는 열방이 통의 한 방울 물과 같고 저울의 작은 티끌 같으며 섬들은 떠오르는 먼지 같으니 레바논은 땔감에도 부족하겠고 그 짐승들은 번제에도 부족할 것이라 그의 앞에는 모든 열방이 아무것도 아니라 그는 그들을 없는 것 같이, 빈 것 같이 여기시느니라"(사 40:15-17).

솔로몬의 사례를 통해 겸손과 순종, 하나님의 다스림에 대한 순복과 함께하지 않는다면, 지혜 자체가 그 평판만큼 그리 좋은 것이 아님을 알 수 있다.

하나님이 솔로몬에게 하신 경고

오늘날 매우 많은 사람들이 부와 권력과 명성을 얻으려고 노력한다. 그들은 정상에 도달하면 만족감을 느낄 것이라고 믿는다. 그러나 솔로몬은 그렇지 않았다. 성공의 전형이라고 할 수 있는 그는 모든 부와 권력, 명성, 그리고 원하는 만큼의 여인들까지 가졌지만, 종말은 매우 비참했다. 그는 그러한 것들이 절대로 만족을 가져다주지 못함을 보여 주는 완벽한 예이다.

솔로몬이 성전 건축을 끝냈을 때, 주님이 기브온에서 그에게 나타나셨을 때와 같이 두 번째로 나타나셨다(왕상 9:2). 하나님은 솔로몬에게 그의 아버지 다윗이 그랬던 것처럼 그가 주님과 동행하고 명령을 다 준행하면, 그의 왕국을 영원히 세우겠다고 말씀하셨다. 그러나 솔로몬과 그의 아들들이 하나님으로부터 떠나 그의 명령을 지키지 않으면, 그분이 이스라엘 백성에게 주신 땅에서 그들을 끊으시고 성전을 그분의 눈앞에서 던져 버릴 것이라고 말씀하셨다.

이어서 하나님은 다음과 같이 말씀하신다. "이 성전이 높을지라도 지나가는 자마다 놀라며 비웃어 이르되 여호와께서 무슨 까닭으로 이 땅과 이 성전에 이같이 행하셨는고 하면 대답하기를 그들이 그들의 조상들을 애굽 땅에서 인도하여 내신 그들의 하나님 여호와를 버리고 다른 신을 따라가서 그를 경배하여 섬기므로 여호와께서 이 모든 재앙을 그들에게 내리심이라 하리라 하셨더라"(왕상 9:8-9).

솔로몬은 이 예언의 말씀을 이미 알고 있어야만 했다! 그것은 토라에 쓰여 있었고, 그는 자신만의 토라를 두루마리에 필사해서 매일 읽어야 했기 때문이다. 그리고 그것을 매 7년째 되는 해에 백성 앞에서 읽어야 했다. 그런데 그가 매일 읽는 토라 중 그 부분을 넘어갔기 때문에, 하나님도 그 부분을 넘기셔야 했다.

하나님은 말씀에 실수가 없도록 토라의 말씀을 그대로 인용하셨다

(신 28장). 주님은 솔로몬에게 두 번이나 500년 전에 말씀하고 기록하신 예언의 말씀을 하셨다. 솔로몬에게는 변명의 여지가 없었다! 그는 읽거나 쓰는 법을 아는 사람이었고, 청각에도 문제가 없었다!

솔로몬 이후 400년이 지난 후 그의 후손들이 여전히 그의 발자취를 따르고 있었을 때, 무슨 일이 일어났는가?

> 그러므로 만군의 여호와께서 이와 같이 말씀하시니라 너희가 내 말을 듣지 아니하였느니라 보라 내가 북쪽 모든 종족과 내 종 바벨론의 왕 느부갓네살을 불러다가 이 땅과 그 주민과 사방 모든 나라를 쳐서 진멸하여 그들을 놀램과 비웃음거리가 되게 하며 땅으로 영원한 폐허가 되게 할 것이라 여호와의 말씀이니라 (렘 25:8-9)

솔로몬이 하나님의 명령을 완전히 무시한 것에 대해 창조주께서 그에게 두 번이나 나타나셔서 말씀하신 것은 매우 비극적인 일이다. 우주의 통치자께서 온전한 축복을 주시고, 두 번이나 나타나셔서 잘못된 길에서 돌이키라고 경고하셨는데도, 자기 마음대로 하며 그분을 무시하는 것은 참으로 어리석은 일이다!

이어서 다음 구절을 보라!

솔로몬이 두 집 곧 여호와의 성전과 왕궁을 이십 년 만에 건축하기를 마치고 갈릴리 땅의 성읍 스무 곳을 히람에게 주었으니 이는 두로 왕 히람이 솔로몬에게 그 온갖 소원대로 백향목과 잣나무와 금을 제공하였음이라 히람이 두로에서 와서 솔로몬이 자기에게 준 성읍들을 보고 눈에 들지 아니하여 이르기를 내 형제여 내게 준 이 성읍들이 이러한가 하고 이름하여 가불 땅이라 하였더니 그 이름이 오늘까지 있느니라 (왕상 9:10-13)

당대 최고의 지혜를 가졌던 솔로몬은 자신에게 약속의 땅을 히람에게 줄 권한이 있다고 생각하였다. 이것은 참으로 통탄할 일이다! 이스라엘의 유산인 약속의 땅을 감히 이방인에게 내어 줄 권위를 가졌다고 생각하는 그는 도대체 자신이 누구라고 생각하는 것인가? 이것은 오만의 극치이다. 평화를 위해 땅을 교환하는 것은 이스라엘을 위해 결코 좋은 일이 아니었다. 게다가 두로 왕이 끊임없이 그 땅을 멸시하고 거절하는 것을 보라! 이스라엘 왕이 약속의 땅에 속한 성읍들을 이방인에게 줄 수 있다고 생각하는 것은 얼마나 무례한 짓인가! 솔로몬은 제정신이 아니었다!

솔로몬은 이스라엘 땅에 성경적 평안이 아닌 거짓 평화를 가져왔다. 그는 유화정책과 이방 나라 왕실과의 정략결혼으로 하나님의 언약을 어기고, 하나님이 그에게 명령하신 대로 이방인들을 추방하지 않았으며, 이방인들로 하여금 거룩한 땅에서 우상을 섬기도록 허락함으로 거짓 평화를 이루었다. 나에게는 그가 이방인에게 완전히 동화된 것으로 보인다.

오직 자기만을 사랑한 솔로몬

솔로몬은 인생 말년에 완전히 불평으로 가득하였다. 전도서 2장 17-18절에서 솔로몬은 그의 인생과 그가 이룩한 모든 것을 미워한다고 불평하고 있다. 왜냐하면 그 모든 것을 자신의 뒤를 이을 자에게 넘겨주어야 했기 때문이다. 11절에서 그는 자신이 이룩한 모든 것이 헛되고, 영을 괴롭게 하는 것이며, 아무 유익이 없었다고 말한다. 그러나 나의 생각은 다르다!

솔로몬은 모든 명성과 부와 권력을 얻었지만, 그럼에도 그는 성전 건축을 비롯한 일생의 모든 업적이 헛되다고 여겼다! 이 모든 일이 바로 자기 자신을 위한 것이라고 생각했기 때문이다! 수많은 사람들이 명성과 권력, 재산이 조금 더 있으면 행복할 것이라고 생각한다. 그런데 솔로몬은 이 모든 것을 가졌다! 그는 누구보다 부자였고, 누구보다 명성이 높았으며, 왕으로서 당대 최고의 권력을 누렸다! 그가 그렇게 자기중심적이지만 않았다면, 하나님 나라를 위해 얼마나 더 많은 것을 이룩할 수 있었을지 생각해 보라. 결국 하나님은 그의 왕국을 둘로 나누셨다.

이 장의 초반부에서 우리는 신명기 17장을 통해 하나님이 왕의 마음이 형제들보다 높아지는 것에 대해 얼마나 염려하셨는지를 보았다. 하나님은 이스라엘 백성이 모든 축복을 누리고 그들의 소유가 풍족할 때, 그분을 잊을 것에 대해 염려하셨다.

네가 먹어서 배부르고 네 하나님 여호와께서 옥토를 네게 주셨음으로 말미암아 그를 찬송하리라 내가 오늘 네게 명하는 여호와의 명령과 법도와 규례를 지키지 아니하고 네 하나님 여호와를 잊어버리지 않도록 삼갈지어다 네가 먹어서 배부르고 아름다운 집을 짓고 거주하게 되며 또 네 소와 양이 번성하며 네 은금이 증식되며 네 소유가 다 풍부하게 될 때에 네 마음이 교만하여 네 하나님 여호와를 잊어버릴까 염려하노라 여호와는 너를 애굽 땅 종 되었던 집에서 이끌어 내시고 너를 인도하여 그 광대하고 위험한 광야 곧 뱀과 전갈이 있고 물이 없는 간조한 땅을 지나게 하셨으며 또 너를 위하여 단단한 반석에서 물을 내셨으며 네 조상들도 알지 못하던 만나를 광야에서 네게 먹이셨나니 이는 다 너를 낮추시며 너를 시험하사 마침내 네게 복을 주려 하심이었느니라 그러나 네가 마음에 이르기를 내 능력과 내 손의 힘으로 내가 이 재물을 얻었다 말할 것이라 네 하나님 여호와를 기억하라 그가 네게 재물 얻을 능력을 주셨음이라 이같이 하심은 네 조상들에게 맹세하신 언약을 오늘과 같이 이루려 하심이니라 네가 만일 네 하나님 여호와를 잊어버리고 다른 신들을 따라 그들을 섬기며 그들에게 절하면 내가 너희에게 증거하노니 너희가 반드시 멸망할 것이라 여호와께서 너희 앞에서 멸망시키신 민족들 같이 너희도 멸망하리니 이는 너희가 너희의 하나님 여호와의 소리를 청종하지 아니함이니라 (신 8:10-20)

하나님은 그들의 마음이 교만해져서 자신들의 능력으로 부와 권력을 얻었다고 생각할 것을 염려하셨다. 하나님은 우리가 부와 권력을 얻게 될 때, 그분께 영광을 돌리기보다 우리 자신에게 영광을 돌리는 경향이 있다는 것을 아셨다.

사람들이 자기 자신에게 빠지게 되면, 그들은 흔히 '나, 나의, 나 자신, 나의 것' 등과 같은 표현을 많이 쓴다. 이것을 확인하기 위해 전도서에서 솔로몬이 얼마나 자기중심적인 표현을 자주 사용하는지 살펴보자.

> 내가 내 마음 속으로 말하여 이르기를 보라 내가 크게 되고 지혜를 더 많이 얻었으므로 나보다 먼저 예루살렘에 있던 모든 사람들보다 낫다 하였나니 내 마음이 지혜와 지식을 많이 만나 보았음이로다 (전 1:16)

이 말이 자기중심적으로 들리는가? 이제 전도서 2장에서 솔로몬이 자신의 인생에 대해 어떻게 말하는지 읽어 보라. '내'로 시작하는 모든 구절을 보라. 또한, 그를 위한 집과 가축, 금과 은 등 모든 것이 풍족한 것을 포함하여 그가 얼마나 먹고 마심으로 배불렀는지 보라.

> 나는 내 마음에 이르기를 자, 내가 시험 삼아 너를 즐겁게 하리니 너는 낙을 누리라 하였으나 보라 이것도 헛되도다 내가 웃음에 관하여 말하여 이르기를 그것은 미친 것이라 하였고 희락에 대하여 이르기를 이것이 무슨 소용이 있는가 하였노라 내가 내 마음으로 깊이 생각하기를 내가 어떻게 하여야 내 마음을 지혜로 다스리면서 술로 내 육신을 즐겁게 할까 또 내가 어떻게 하여야 천하의 인생들이 그들의 인생을 살아가는 동안 어떤 것이 선한 일인지를 알아볼 때까지 내 어리석음을 꼭 붙잡아 둘

까 하여 나의 사업을 크게 하였노라 내가 나를 위하여 집들을 짓고 포도
원을 일구며 여러 동산과 과원을 만들고 그 가운데에 각종 과목을 심었
으며 나를 위하여 수목을 기르는 삼림에 물을 주기 위하여 못들을 팠으
며 남녀 노비들을 사기도 하였고 나를 위하여 집에서 종들을 낳기도 하
였으며 나보다 먼저 예루살렘에 있던 모든 자들보다도 내가 소와 양 떼
의 소유를 더 많이 가졌으며 은 금과 왕들이 소유한 보배와 여러 지방의
보배를 나를 위하여 쌓고 또 노래하는 남녀들과 인생들이 기뻐하는 처첩
들을 많이 두었노라 내가 이같이 창성하여 나보다 먼저 예루살렘에 있던
모든 자들보다 더 창성하니 내 지혜도 내게 여전하도다 (전 2:1-9)

좀 충격적이지 않은가? 여기에서 잠시 멈추고, 신명기에 기록된 하나님의 경고를 다시 언급하겠다. "네가 먹어서 배부르고 아름다운 집을 짓고 거주하게 되며 또 네 소와 양이 번성하며 네 은금이 증식되며 네 소유가 다 풍부하게 될 때에 네 마음이 교만하여 네 하나님 여호와를 잊어버릴까 염려하노라 여호와는 너를 애굽 땅 종 되었던 집에서 이끌어 내시고"(신 8:12-14).

솔로몬에게 일어난 일이 정확히 주님이 경고하신 것이었다. 그는 400년 전에 예언된 단어들을 정확히 사용하기까지 했다. 바로 "네가 아름다운 집을 짓고, 네 소와 양이 번성하며 네 은금이 증식될 때, 주님을 잊지 말라"는 말씀이다. 그런 일이 정확히 솔로몬에게 일어났다. 이어서 다음 구절을 살펴보자.

무엇이든지 내 눈이 원하는 것을 내가 금하지 아니하며 무엇이든지 내 마음이 즐거워하는 것을 내가 막지 아니하였으니 이는 나의 모든 수고를 내 마음이 기뻐하였음이라 이것이 나의 모든 수고로 말미암아 얻은 몫이로다 그 후에 내가 생각해 본즉 내 손으로 한 모든 일과 내가 수고한 모든 것이 다 헛되어 바람을 잡는 것이며 해 아래에서 무익한 것이로다 내가 돌이켜 지혜와 망령됨과 어리석음을 보았나니 왕 뒤에 오는 자는 무슨 일을 행할까 이미 행한 지 오래 전의 일일 뿐이리라 내가 보니 지혜가 우매보다 뛰어남이 빛이 어둠보다 뛰어남 같도다 지혜자는 그의 눈이 그의 머리 속에 있고 우매자는 어둠 속에 다니지만 그들 모두가 당하는 일이 모두 같으리라는 것을 나도 깨달아 알았도다 내가 내 마음속으로 이르기를 우매자가 당한 것을 나도 당하리니 내게 지혜가 있었다 한들 내게 무슨 유익이 있으리요 하였도다 이에 내가 내 마음속으로 이르기를 이것도 헛되도다 하였도다 지혜자도 우매자와 함께 영원하도록 기억함을 얻지 못하나니 후일에는 모두 다 잊어버린 지 오랠 것임이라 오호라 지혜자의 죽음이 우매자의 죽음과 일반이로다 이러므로 내가 사는 것을 미워하였노니 이는 해 아래에서 하는 일이 내게 괴로움이요 모두 다 헛되어 바람을 잡으려는 것이기 때문이로다 내가 해 아래에서 내가 한 모든 수고를 미워하였노니 이는 내 뒤를 이을 이에게 남겨 주게 됨이라 그 사람이 지혜자일지, 우매자일지야 누가 알랴마는 내가 해 아래에서 내 지혜를 다하여 수고한 모든 결과를 그가 다 관리하리니 이것도 헛되도다 이러므로 내가 해 아래에서 한 모든 수고에 대하여 내가 내 마음에 실망하였도다 (전 2:10-20)

나는 그의 마음이 매우 높아져 있었다고 분명하게 말할 수 있다. 솔로몬의 가장 큰 슬픔은 자신의 모든 부를 그의 뒤를 이을 자에게 남겨 주는데, 그가 우매자일지 모른다는 데 있었다(18절). 그는 자신의 왕국을 세운 모든 수고에 대해 말하는 21절에서 이 생각을 반복해서 말한다. 이제 솔로몬이 전도서의 마지막 부분에서 어떻게 말하는지 보자.

> 이에 내가 희락을 찬양하노니 이는 사람이 먹고 마시고 즐거워하는 것보다 더 나은 것이 해 아래에는 없음이라 (전 8:15)

그 누구보다 부요했던 솔로몬은 자신이 죽은 후에 그의 모든 소유를 누가 가질 것인가에 대해 염려하고 있다. 그는 모든 소유가 자신의 손으로 얻은 것이라고 믿었다.

재물과 권력을 얻은 대부분의 사람들은 결국 영원한 만족을 얻지 못한다는 사실을 깨닫고 환멸에 빠지게 된다. 인생에 무언가가 더 있다는 것을 모든 사람이 알지만, 자신이 추구하는 만족을 찾기 위해 하나님을 따르려 하지는 않는다.

우리는 전도서에서 솔로몬이 이러한 현실로 인해 고심하는 것을 볼 수 있다. 결국 그는 해 아래에서 먹고 마시고 즐거워하는 것보다 더 나은 것이 없다고 느꼈다. 이 구절을 읽을 때, 나는 다음 구절에 등장하는 부자를 생각하지 않을 수 없었다.

또 비유로 그들에게 말하여 이르시되 한 부자가 그 밭에 소출이 풍성하

매 심중에 생각하여 이르되 내가 곡식 쌓아 둘 곳이 없으니 어찌할까 하고 또 이르되 내가 이렇게 하리라 내 곳간을 헐고 더 크게 짓고 내 모든 곡식과 물건을 거기 쌓아 두리라 또 내가 내 영혼에게 이르되 영혼아 여러 해 쓸 물건을 많이 쌓아 두었으니 평안히 쉬고 먹고 마시고 즐거워하자 하리라 하되 하나님은 이르시되 어리석은 자여 오늘 밤에 네 영혼을 도로 찾으리니 그러면 네 준비한 것이 누구의 것이 되겠느냐 하셨으니 자기를 위하여 재물을 쌓아 두고 하나님께 대하여 부요하지 못한 자가 이와 같으니라 (눅 12:16-21)

세상에나! 이것은 솔로몬이 인용한 것과 삶을 대하는 그의 태도에 대한 직접적인 언급이다! 놀랍게도 이것은 솔로몬과 연결된다! 그렇다면 솔로몬과의 이러한 연결을 좀 더 분명히 해보자. 이 말씀은 예수님이 하신 것인데, 그 다음에는 아래의 구절이 이어진다.

백합화를 생각하여 보라 실도 만들지 않고 짜지도 아니하느니라 그러나 내가 너희에게 말하노니 솔로몬의 모든 영광으로도 입은 것이 이 꽃 하나만큼 훌륭하지 못하였느니라 (눅 12:27)

솔로몬의 자화자찬에 대한 얼마나 놀라운 반격인가!
자, 이제 솔로몬에 대해 배운 내용을 요약해 보자. 하나님으로부터 아낌없는 사랑과 축복을 받고, 엄청난 지혜와 명성, 재산과 권력, 권위를 누렸음에도 불구하고, 솔로몬은 다음과 같이 행하였다.

- 아내를 많이 두었다.

- 이방 여인들과 결혼하였다.

- 성전 권내를 비롯한 예루살렘 주변과 그 안에 천 개 이상의 이교도 제단을 지었다.

- 그 제단들에 첫 자녀를 우상에게 바치는 인신 공양을 제정하였다.

- 자신을 위해 은과 금, 말을 많이 모았다.

- 성전 건축에 대한 모든 영광을 스스로 취하였다.

- 적군과 테러집단에게 무기를 판매하였다.

- 금지된 이방 나라들과 언약을 맺었다.

- 하나님이 약속하신 땅을 이방인들에게 주었다.

- 자신을 형제들보다 더 높였다.

- 하나님이 나타나셔서 그의 행위와 자신이 하나님의 율법보다 높다는 생각을 멈추라고 하셨을 때, 오만하게 두 번이나 거부하였다.

이러한 모형이 세상이 중동의 평화를 위해 찾고 있는 왕인가? 적그리스도가 누구인지 찾는 대신, 우리는 그가 어떤 사람일 것인가를 연구해야 한다. 솔로몬은 완전히 자기중심적인 사람으로, 적그리스도 또한 그럴 것이다. 솔로몬은 권력과 부, 명성 등 모든 것을 가졌지만, 가장 비참한 사람이었다. 나는 이 부분에서 솔로몬이 많은 것을 가졌음에도 모르드개가 자신에게 절하지 않는 것을 용납하지 못한 하만과 비슷하다고 느낀다.

예언적으로 나는 이 모든 것이 다시 열리고 있음을 알게 되었다. 역사 속에서 예언적 형태가 계속 반복된다는 것을 기억하라. 하만은 아말렉 사람이었다. 그의 계보는 그가 아말렉의 왕이었던 아각의 혈통임을 보여 준다.

아말렉과의 첫 전쟁 후, 하나님은 이스라엘이 대대로 아말렉과 싸울 것이라고 말씀하신다(출 17:16). 이것은 세대마다 이스라엘 또는 유대인들을 멸망시키려는 나라가 있음을 의미한다. 히틀러는 그 시대의 아말렉이었고, 오늘날에도 이스라엘을 멸하기 원하는 거만한 이란의 아말렉 지도자들이 있다.

나는 역사적 패턴이 다른 양상으로 반복될 것이라고 믿는다. 그 누구보다 더 현명한 것처럼 보이는 누군가가 모든 이방 나라들과 불경한 언약을 맺음으로 거짓 평화를 이루려고 할 것이다. 그는 두 민족이 이스라엘을 자신의 땅으로 주장하는 문제로 인해 마치 아이를 반으로 가르듯 두 나라로 만드는 것이 더 현명하다고 생각하고, 평화 조약을 위해 이스라엘 땅을 취하려고 할 것이다. 그러나 이것은 살아 있는 아이를 죽이는 것과 같은 결과를 낳게 될 것이다!

그들은 더 이상 언약이 소용없으며, 언약은 대체되었거나 벌써 이루어졌고, 이제는 새로운 시대라고 믿을 것이다. 또한 이스라엘과 맺은 하나님의 언약에 대해서는 전혀 관심을 갖지 않을 것이다!

언젠가 아가서의 내용과 그 책이 어떻게 오해받고 있는지에 대한 책을 쓰고 싶다. 나는 아가서가 솔로몬과 그의 신부에 관한 책이라고 생각하지 않는다. 다만 그것이 자신의 신부를 솔로몬의 손아귀에서 데려오는 목자에 관한 책이라고 믿는다! 나는 아가서가 솔로몬과 같은 이 땅의 왕으로부터 이스라엘 백성의 마음을 돌이켜서 다시 한 번 그분을 그들의 멜렉(왕)으로 원하도록 구애하는 이스라엘 목자의 가슴 뛰는 이야기라고 믿는다! 그것은 놀라운 여정이 될 것이다!

다시 이 책으로 돌아가자! 내가 바라는 것은 사람들이 솔로몬에 대해 지금까지와는 다른 관점을 갖게 되는 것이다. 또한 우리가 토라에 대해 정확한 관점을 가지고 있지 않으면, 경건해 보이는 사람이 나타났을 때 얼마나 미혹당하기 쉬운지를 아는 것이다.

때로 무언가의 정의를 정확히 이해하기 위해 그것의 상반되는 면을 보아야 한다. 그러므로 이제는 세 가지 유일신 신앙의 적그리스도에 대한 견해 못지않게 메시아에 대한 견해가 얼마나 다른지 분석해 보자. 먼저 유대교의 견해부터 알아보자.

10장
마태복음 24장과 하누카, 그리고 메시아

마지막 때에 관심이 있는 사람들은 마태복음 24장에 열광한다! 앞으로 일어날 사건들을 위한 무대가 펼쳐지기 때문이다. 이제 그 당시 제자들이 살았던 시대의 역사에 기반해서 그들의 관점으로 마태복음 24장을 보자. 이를 통해 성경이 오실 메시아에 대해 어떻게 말하는지 알게 될 것이다. 이 장을 읽을 때, 현재 우리의 관점보다는 그 당시의 청중들이 어떻게 생각했을지를 염두에 두어야 한다.

역사가 항상 반복된다는 것을 생각한다면, 이 장의 내용을 더 깊이 이해할 수 있을 것이다. 한 번 성취된 예언이 다시는 성취되지 않을 것이라고 생각하는 사람들이 있다. 그러나 성경의 예언을 그런 식으로 보아서는 안 된다. 그것을 거듭 일어나는 것으로 여기고 새로운 관점으로 보자. 전도서 기자는 "이미 있던 것이 후에 다시 있겠고 이미 한 일을 후에 다시 할지라 해 아래에는 새 것이 없나니"(전 1:9)라고 말한다.

사실 마태복음 24장은 하누카(수전절)를 중심으로 다시 일어날 사건들에 관한 것이다! 신약이 예슈아께서 하누카를 지키신 것에 대해 이야기하고 있다는 것을 알았는가? 요한복음 10장은 예슈아가 봉헌절(수전절)에 성전에 계셨음을 말하고 있는데, 그때는 겨울이었다. 히브리어로 '봉헌'이 바로 '하누카'이다! 예슈아는 1세기의 유대인으로서 성경의 모든 절기들을 지키셨는데, 하누카와 부림절도 지키셨다. 그분이 유대인이고 그 문화 속에서 사셨다는 사실만으로도, 나는 요한복음 10장이 단순히 그러한 시간 중 하나를 기록한 것이라고 추측하는 것이 지나치지 않다고 생각한다.

하누카와 마지막 때의 상관성을 이해하기 위해 먼저 하누카에 대해 제대로 알아야 한다. 그것은 성경적 절기로, 다니엘도 그 일이 일어날 것을 예언하였다. 성경 또한 "이미 있던 것이 후에 다시 있겠고"(전 1:9)라고 말한다. 먼저 이 절기를 잘 모르는 이들을 위해 BC 168년 첫 하누카 기간에 무슨 일이 일어났는지 설명하겠다.

자신이 예슈아의 제자 중 한 사람이라고 생각해 보라. 그리고 다른 제자들과 함께 그곳에 있었다고 가정해 보자. 2천 년 전 주님이 마태복음 24장에 기록된 대로 말씀하고 계신다. 그분이 말씀하실 때, 하누카라는 말이 귀에 울릴 것이고, 당신은 어떻게 그 일이 다시 일어날 수 있는지 의아해할 것이다. 제자들에게 하누카 사건은 우리의 독립전쟁과 비슷한 것이었다. 그것은 예슈아의 초림이 있기 약 200년 전에 일어났는데, 미국의 독립선언 이후 현재까지의 기간과 거의 비슷하다.

요세푸스의 작품인 《유대인들의 고대 풍습》(Antiquities of Jews Book)에는 당시 성전이 있었던 장소가 황폐해졌고, 문들이 불에 탔으며, 풀들이 성전 안에 제멋대로 자라나 있어서, 그들이 새로운 제단을 짓고 기구들을 새로 만들어야 했다고 기록되어 있다. 계속해서 요세푸스는 성전의 황폐함이 다니엘의 예언대로 이루어졌다고 말한다!

이제 다니엘이 환상에서 무엇을 보았는지 살펴보자. 그는 두 뿔 가진 숫양(단 8:3)을 보았다. 다니엘은 그 숫양이 서쪽과 북쪽과 남쪽을 향하여 받으나 어느 누구도 그 손에서 구할 자가 없었다고 말한다(4절). 그리고 그가 깊이 생각할 때에 두 눈 사이에 두드러진 뿔이 있는 숫염소 한 마리가 서쪽에서 나와 그 숫양을 쳐서 그의 두 뿔을 꺾었다(5-7절).

실제로 바벨론 제국 이후, 두 뿔 가진 숫양으로 대변되는 메대와 바사가 그 나라를 탈취하였다. 이어서 8절에 등장하는 숫염소는 그리스 제국을 말한다. 그 당시 그리스 제국의 지도자가 누구였는지 아는가? 바로 알렉산더 대왕이다! "숫염소가 스스로 심히 강대하여 가더니 강성할 때에 그 큰 뿔이 꺾이고 그 대신에 현저한 뿔 넷이 하늘 사방을 향하여 났더라"(8절). 알렉산더 대왕이 죽은 후, 그의 왕국은 네 명의 군사 지도자들에 의해 나누어졌다.

성경은 계속해서 다음과 같이 말한다. "그 중 한 뿔에서 또 작은 뿔 하나가 나서 남쪽과 동쪽과 또 영화로운 땅을 향하여 심히 커지더니 … 또 스스로 높아져서 군대의 주재를 대적하며 그에게 매일 드리는 제사를 없애 버렸고 그의 성소를 헐었으며"(9, 11절). 심히 커진 이 작은 뿔은 하누카 이야기에 등장하는 안티오쿠스 에피파네스였다!

우리는 이제 역사적으로 하누카에 일어난 일을 마태복음 24장과 비교해 볼 것인데, 마카베오 역사서를 읽으면 그 연관성을 볼 수 있다. 이러한 사건들이 예슈아가 태어나기 약 150년 전에 일어났다는 것을 기억하라. 마카베오상 1장 10-15절에는 많은 유대인들이 율법을 범하고, 또 다른 사람들도 동일하게 범하도록 부추겼다고 기록되어 있다.

그들은 자신들에게 임한 모든 재앙이 이방인들과 분리되었기 때문이라고 생각하여 그들과 언약을 맺자고 제안하기까지 하였다. 그들은 안티오쿠스 에피파네스를 찾아가서 예루살렘에 이방인들의 경기장을 짓자고 제안했다. 이 경기장은 그 당시 운동선수들이 올림픽 경기를 위해 훈련했던 곳으로, 모든 행사가 옷을 입지 않은 채 진행되었다! 그런데 한 가지 문제가 있었는데, 그것은 모든 사람이 그들 중 누가 유대인인지 알았다는 것이다.

마태복음 24장 5-7절은 많은 사람들이 유혹을 받을 것이고, 전쟁들과 전쟁들의 소문이 있을 것이며, 나라가 나라를 대적하여 일어날 것이라고 말한다. 하누카는 이스라엘이 싸운 마지막 큰 전쟁이었다. 마태복음 24장 10-12절은 사람들이 서로를 배반하고 불법이 성행할 것이라고 말한다.

마카베오 역사서는 계속해서 애굽을 물리치고 나서 안티오쿠스가 어떻게 예루살렘을 대적하여 일어나 거룩한 성전에 들어가서 금 제단과 촛대, 분향단, 향로, 휘장을 가져갈 것인지 말한다. 심지어 그가 얼마나 많은 피를 흘리게 하고 극단적으로 오만한 말을 할 것인지도 언급한다. 성전의 파괴가 시작된다는 것이다.

다니엘서는 극단적으로 오만한 말을 하는 사람이 올 것에 대해 예언한다. 또한 마태복음 24장 9절은 많은 사람들이 죽임을 당할 것이라고 말한다. 그리고 전환점이 왔다.

그 다음에 일어난 일은 다음과 같다. 단일 세계정부와 마찬가지로, 왕은 왕국의 모든 사람이 그들의 관습을 버리고 한 백성이 되어야 한다고 명령했다. 왕은 하나님의 율법을 잊게 하기 위해 유대인들로 이교도 제단을 짓고, 부정한 동물을 제물로 바치며, 할례를 금하고, 안식일을 지키지 못하게 하였다. 그리고 이러한 지시에 거역하는 자들을 사형에 처하게 하여 모든 유대 관습을 금했다.

당시 적지 않은 유대인들이 이러한 불법을 거부감 없이 받아들여 기꺼이 우상에게 제사를 드렸다. 왕의 칙령은 언약의 두루마리를 가지고 있거나 율법을 따르는 자들에게 사형 선고와 같았다!

마카베오 1장에서는 많은 유대인들이 죽임을 당할지라도 이러한 명령을 따르지 않기로 결의했다고 말한다. 다음의 이야기는 이와 관련된 가장 대표적인 예이다.

왕의 명령을 집행하는 행정관이 모데인이라는 도시에 왔을 때, 왕의 명령에 순응하는 사람들이 많았다. 행정관은 본을 보이기 위해 그 도시의 지도자 가정을 택하여 이교도 제단에 제사 드리는 첫 가정이 되도록 독려하였다. 그리고 그런 자들은 왕의 친구로 여김을 받고, 많은 선물을 받을 것이라고 하였다.

그 지역의 지도자 중 하나인 맛디아와 그의 아들들은 행정관 앞에서 다른 모든 사람이 왕명을 따른다 할지라도 자신들은 율법을 버리면서까지 왕명을 지킬 수 없다고 선언하였다. 그가 말을 끝내려는 순간, 한 유대인이 이교도 제단에 제사를 드리겠다고 하였다. 그 말을 들은 맛디아는 그를 죽였을 뿐만 아니라 왕의 행정관도 죽였다. 그는 이교도 제단을 무너뜨린 후, 율법에 순종하기 원하는 자들은 함께 도망가자고 소리쳤다. 그를 비롯하여 많은 사람들이 하나님의 말씀을 지키기 위해 모든 소유를 뒤로하고 산으로 도망갔는데, 이것은 마태복음 24장 16-17절과 부합하는 내용이다.

마카베오 시대는 유대인의 역사에 있어서 절대 잊을 수 없는 사건이 일어난 매우 중요한 전환의 때였다. 유대인들은 역사상 처음으로 안식일에 자신의 목숨을 지키는 일이 문제가 되지 않는다고 판단하였다. 이 믿을 수 없는 일이 어떻게 일어났는지 살펴보자.

> 큰 군대가 그들을 쫓아 나섰고, 그들이 있는 곳에 다다라 맞은편에 진을 치고 안식일을 골라 공격할 채비를 갖추었다. 그리고는 숨어 있는 사람들에게 "자, 이젠 그만두고 나와서 왕명에 복종하라. 그러면 목숨만은 살려 주겠다"고 크게 외쳤다. 그러나 그들은 "왕명에 굴복해서 안식일을 더럽힐 수는 없다. 우리는 나가지 않겠다"고 대답하였다. 그러자 그들은 즉시 공격을 받았다. 그러나 대항하여 싸우지 않았다. 돌을 던지거나 자기들의 피신처에 방벽을 쌓지도 않고 "우리는 모두 깨끗하게 죽겠다. 너희들이 죄 없는 우리를 죽였다는 것을 하늘이 알고 땅이 증언할 것이다"라고 하였다. 이렇게 적군이 안식일을 택해서 공격해 왔기 때문에 유대인들은 처자와 가축과 함께 고스란히 죽었는데, 죽은 사람이 천 명이나 되었다.

이 소문을 들은 맛디아와 그의 동료들은 몹시 슬퍼하며 이렇게 말하였다. "만일 우리 모두가 이미 죽은 형제들을 본받아 우리의 관습과 규칙을 지키느라 이방인들과 싸우지 않는다면, 머지않아 그들은 우리를 이 지상에서 몰살시키고 말 것이다." 그날, 그들은 다음과 같이 결의했다. "우리를 공격하는 자가 있으면 안식일이라도 맞서서 싸우자. 그래야만 피신처에서 죽은 형제들처럼 몰살당하지 않을 것이다."

_마카베오상 2:32-41

마태복음 24장 20절에는 "너희가 도망하는 일이 겨울에나 안식일에 되지 않도록 기도하라"고 기록되어 있다. 하누카는 겨울이었고, 당시 안식일에 어떤 일이 일어났는지 보라! 이제 우리는 하누카가 얼마나 성경적인지를 알게 되었다. 하누카는 실제적인 예언의 성취였다.

군대는 그의 편에 서서 성소 곧 견고한 곳을 더럽히며 매일 드리는 제사를 폐하며 멸망하게 하는 가증한 것을 세울 것이며 그가 또 언약을 배반하고 악행하는 자를 속임수로 타락시킬 것이나 오직 자기의 하나님을 아는 백성은 강하여 용맹을 떨치리라 백성 중에 지혜로운 자들이 많은 사람을 가르칠 것이나 그들이 칼날과 불꽃과 사로잡힘과 약탈을 당하여 여러 날 동안 몰락하리라 (단 11:31-33)

마태복음 24장 15-16절에서 예슈아께서는 "그러므로 너희가 선지자 다니엘이 말한바 멸망의 가증한 것이 거룩한 곳에 선 것을 보거든 (읽는 자는 깨달을진저) 그 때에 유대에 있는 자들은 산으로 도망할지어다"라고 말씀하신다.

이 구절이 바로 요세푸스가 다음과 같은 글을 쓸 때 참고했던 구절이다.

> 이제 너무나 무너져서 이러한 일들이 그들의 신성한 예배가 폐해진 동안에 행해졌고, 이후 삼 년간 불경하고 평범하게 사용되는 곳으로 전락하였다. 또한 성전도 안티오쿠스에 의해 황폐해졌고, 그것이 삼 년이나 지속되었다 … 이러한 황폐함은 480년 전에 주어진 다니엘의 예언에 따라 이루어졌다.[1)]
>
> _요세푸스,《유대인들의 고대 풍습》12권 7장

마태복음 24장 15-16절은 이러한 황폐함에 대해 이야기한다. 제자들이 이 말을 들었을 때, 그들은 바로 이해했다! 하누카가 다시 일어날 것을 알았다! 이것은 역사적으로 일어났던 일이고, 요세푸스는 이것이 성취되고 있는 것으로 기록했다. 그래서 그들은 수백 년 전에 다니엘이 예언했던 일이 일어났다는 것과 많은 사건들이 다시 반복될 것을 알았다! 이것은 아버지들에게 일어났던 일이 자녀들에게 일어날 것이라는 성경적·유대적 사고로 돌아가게 만든다.

오늘날 많은 기독교인들이 이 구절을 마지막 때의 신학에 적용한다. 만약 "과거에 일어났던 일은 다시 일어날 수 없다"는 그리스 사고방식을 따른다면, 그 일이 벌써 일어났다는 이유로 문제에 봉착하게 된다. 그러나 "과거에 일어났던 일은 분명 다른 관점에서 다시 일어날 것이다"라는 유대적 사고방식을 따른다면, 신학이 상충되는 것 같아 보여도 문제가 되지 않을 것이다.

믿음 장으로 알려진 히브리서 11장은 메시아 이전에 살았던 믿음으로 충만한 유대인들에 대해 말한다. 히브리서 저자는 우리에게 그 모든 유대인들이 "믿음으로 나라들을 이기기도 하며 의를 행하기도 하며 약속을 받기도 하며 사자들의 입을 막기도 하며 불의 세력을 멸하기도 하며 칼날을 피하기도 하며 연약한 가운데서 강하게 되기도 하며 전쟁에 용감하게 되어 이방 사람들의 진을 물리치기도 했던"(33-34절) 사람들이라고 말해 준다.

그 장은 또 다른 믿음의 사람들에 대해 다음과 같이 말한다. "더 좋은 부활을 얻고자 하여 심한 고문을 받되 구차히 풀려나기를 원하지 아니하였으며 또 어떤 이들은 조롱과 채찍질뿐 아니라 결박과 옥에 갇히는 시련도 받았으며 돌로 치는 것과 톱으로 켜는 것과 시험과 칼로 죽임을 당하고 양과 염소의 가죽을 입고 유리하여 궁핍과 환난과 학대를 받았으니 (이런 사람은 세상이 감당하지 못하느니라) 그들이 광야와 산과 동굴과 토굴에 유리하였느니라"(35-38절).

이 마지막 부분은 정확히 하누카에 일어났던 일로, 그들은 동굴에 숨어 있다가 안식일에 살해당했다. 하누카는 분명 성경의 일부이다. 하누카가 어떻게 다시 일어날 것인가를 이해하기 위해 우리는 그것의 역동성을 알아야 한다.

이제 에스더서에서 발견되는 또 다른 성경적 절기를 알아보자. 우리는 그것을 통해 우리 시대에 임할 마지막 때와 임박한 메시아의 재림에 대해 알게 될 것이다.

11장
부림절과 마지막 때

많은 기독교인들이 성경적 절기보다는 유대인의 전통으로 치부하여 오해하기 쉬운 또 다른 사건이 있다. 그것은 바로 부림절이다. 부림절 이야기에는 하만이라는 인물이 등장하는데, 그는 유대인들을 전멸시키려 한 자이다. 하누카 이야기에서 안티오쿠스의 목표가 유대인을 동화시키는 것이었다면, 하만의 목표는 유대인을 전멸하는 것이었다. 우리는 이러한 역사적 사건들이 다시 반복될 때, 부림절과 성서력 그리고 마지막 때의 상관성을 보게 될 것이다.

부림절이 당시 사회 안에 법과 질서가 있었다는 의미를 함축하기도 하지만, 그때는 철저한 불법의 시대이기도 했다. 우리는 성경에서 이것이 사실임을 확인하게 된다. 에스더 1장 8절을 보면, 모든 것 심지어 마시는 것조차도 법에 따라 시행되었다. 15절에서 아하수에로 왕은 자신의 명령을 거역한 왕후를 어떻게 법에 따라 처벌할 수 있는지 신하에게 물었다. 2장 12절은 모든 처녀들이 어떻게 법에 따라 차례대로 아하수에로 왕을 만나는지에 대해 이야기한다.

4장 16절에서는 에스더가 왕의 존전에 나아가기로 결정하는데, 그것은 법에 따른 것이 아니었다. 그전에 3장 13절에서 하만은 왕을 설득하여 특정 인종의 말살을 인가하는 법을 만들기로 결정한다. 그것은 모든 유대인을 죽이고 그들의 소유를 취해도 된다는 법이었다. 그것은 법에 없는 것이었으나 새롭게 법으로 제정함으로 정당화되었다!

오늘날의 윤리와 도덕성도 생각해 보라. 많은 사람들이 낙태와 약물, 매춘 등 부도덕한 일을 합법화하는 법을 제정하기만 하면, 양심에 꺼릴 것이 없다고 생각한다. 이런 식으로 불법이 당당하게 고개를 들게 되었다! 앞에서 내가 성경의 모형을 따라야 한다고 말했던 것을 기억하기 바란다. 이전에 일어났던 일은 다시 일어날 것이다. 아버지들에게 일어났던 일들은 자녀들에게도 일어날 것이다. 역사는 반복되고, 역사로부터 배우지 못하는 자는 그것을 반복하는 비극을 맞게 된다. 이제 좀 더 깊이 들어가 보자.

BC 470년경에 일어난 부림절의 주요 인물은 모르드개와 에스더 그리고 하만이다. 여기서 놀라운 배경 중 하나는 하만의 조상이다. 우리는 에스더 3장 10절을 통해 하만이 "유다인의 대적 곧 아각 사람 함므다다의 아들"임을 알게 된다. 여기에서 언급되는 아각 사람이 누구인지를 확인하기 위해 600년 전으로 거슬러 올라가 보자.

사무엘상 15장 20절에서 사울은 주님의 말씀에 순종하여 아말렉의 왕인 아각을 사무엘에게 데려왔다. 그렇다면 하만은 아말렉의 후손인 아각의 왕족이다! 이제 여기서 말하는 아말렉이 누구인지를 확인하기 위해 400년을 더 거슬러 올라가 보자. 창세기 36장을 통해 우리는 아말렉이 에서의 손자임을 알게 된다.

> 에서의 아들 엘리바스의 첩 딤나는 아말렉을 엘리바스에게 낳았으니 이들은 에서의 아내 아다의 자손이며 (창 36:12)

아말렉이 태어나기 100년 전에 그의 이름이 성경에 언급되었다는 것을 아는가? 그는 창세기 14장에서 언급되었는데, 롯이 포로로 잡혀갔을 때 왕들의 전쟁이 있었고, 멜기세덱이 아브라함에게 나타났던 일을 기록한 장이다.

> 그들이 돌이켜 엔미스밧 곧 가데스에 이르러 아말렉 족속의 온 땅과 하사손다말에 사는 아모리 족속을 친지라 (창 14:7)

그의 출생에 대한 창세기 36장의 기록은 아말렉의 이름이 두 번째로 등장하는 곳인데, 여기에 참으로 놀라운 사실이 있다. 창세기 14장에서 아말렉의 히브리어 'עמלק'의 첫 글자인 'ע'로부터 창세기 36장 12절에 쓰인 아말렉의 히브리어 마지막 글자인 'ק'까지 토라에는 총 12,110개의 글자가 있다. 그런데 그 숫자는 에스더서에 쓰인 히브리어의 숫자와 같다!

우리는 아말렉에 대해 무엇을 아는가? 민수기 24장 20절에는 아말렉이 "민족들의 으뜸(첫 번째 나라 – 역자 주)이나 그의 종말은 멸망에 이르리로다"라고 기록되어 있다. 아말렉이 민족들의 으뜸이라는 말은 무슨 뜻인가?

- 이스라엘이 애굽을 떠난 후 그들을 공격할 첫 번째 나라
- 이스라엘이 멸망하기를 바랐던 첫 번째 나라

아말렉은 에서의 손자였다. 에서가 동생 야곱을 향해 품고 있었던 미움이 후손에게 전해져 내려왔다. 성경은 "여호와께서 맹세하시기를 여호와가 아말렉과 더불어 대대로 싸우리라 하셨다"(출 17:16)고 말한다. 이것은 세대마다 이스라엘을 멸망시키려 하는 아말렉이 있을 것이라는 의미이다. 히틀러가 그 시대의 아말렉이었고, 이란의 지도자들이 우리 시대의 아말렉이다.

신명기 25장 19절에서 하나님은 이스라엘에게, "너는 천하에서 아말렉에 대한 기억을 지워버리라 너는 잊지 말지니라"고 말씀하신다. 이것이 바로 열방들이 이스라엘을 멸망시키려고 올 때, 이스라엘 백성들이 시편 83편 1–7절에서와 같이 하나님께 부르짖는 이유이다. 시편 83편 4절에서 열방들은 "그들을 멸하여 다시 나라가 되지 못하게 하여 이스라엘의 이름으로 다시는 기억되지 못하게 하자"고 말한다. 아말렉은 이 구절에서 언급된 열방 중 하나이다. 아말렉은 하나님이 자기를 기억하길 원하지 않으신다면, 이스라엘이 기억되지 못하게 해야겠다고 생각한 것

이다!

　아말렉의 출생으로부터 이스라엘이 첫 왕을 얻었던 때로 500년을 건너뛰어 보자. 그때는 하나님의 달력에서 아말렉을 지워 버리는 때이다. 당시 사울이 왕이었고, 기스는 사울의 아버지였다(삼상 14:51).

　사무엘상 15장 2-3절에서는 주님께서 "아말렉이 이스라엘에게 행한 일 곧 애굽에서 나올 때에 길에서 대적한 일"을 기억하시는 것을 볼 수 있다. 하나님은 이스라엘 백성에게 "가서 아말렉을 쳐서 그들의 모든 소유를 남기지 말고 진멸하되 남녀와 소아와 젖 먹는 아이와 우양과 낙타와 나귀를 죽이라"고 말씀하신다.

　그러나 사울은 아말렉을 진멸하지 않고 가장 좋은 것들과 아각 왕까지 살려 둠으로 하나님과 사무엘에게 불순종한다. 이후 사울은 사무엘에게 나아가 "나는 실로 여호와의 목소리를 청종하여 여호와께서 보내신 길로 가서 아말렉 왕 아각을 끌어 왔고 아말렉 사람들을 진멸하였으나"(삼상 15:20)라고 말한다. 여기에 굉장히 중요한 연결점이 있다! 아각은 아말렉의 왕이다. 따라서 아각의 후손들은 아말렉 왕족의 혈통인 것이다.

　이제, 다시 500년을 건너뛰어 부림절과 에스더서로 가보자. 에스더 2장 5절의 "도성 수산에 한 유다인이 있으니 이름은 모르드개라 그는 베냐민 자손이니 기스의 증손이요 시므이의 손자요 야일의 아들이라"는 부분에서 이야기는 다소 복잡해진다. 모르드개는 사울 왕의 직계 후손이다! 뿐만 아니라, 하만은 아각의 직계 후손이다! 에스더 3장 10절에는 "왕이 반지를 손에서 빼어 유다인의 대적 곧 아각 사람 함므다다의 아들 하만에게 주며"라고 기록되어 있다. 사울이 하나님께서 말씀하신 대로 행했더라면, 이 일은 절대 일어나지 않았을 것이다! 이제 역사가 다른 지점에서 반복되는 순간이 왔다.

만일 사울이 하나님께서 말씀하신 대로 아말렉 사람을 전멸시켰다면, 500년 후에 하만과 같은 자가 나타나 유대 민족을 말살하려고 하는 일은 없었을 것이다. 모르드개가 사울의 직계 후손이고, 하만이 아각 왕의 직계 후손이라는 사실은 참으로 놀랍다. 아버지들에게 일어났던 일들은 다시 아들들에게 일어날 것이다!

유대력의 중요성

우리는 앞으로 밝혀질 것들을 보기 위해 이 이야기에서 유대력의 날짜와 때의 중요성을 이해해야 한다. 이제 어떤 일이 일어나는지 보자.

> 하만이 아하수에로 왕에게 아뢰되 한 민족이 왕의 나라 각 지방 백성 중에 흩어져 거하는데 그 법률이 만민의 것과 달라서 왕의 법률을 지키지 아니하오니 용납하는 것이 왕에게 무익하니이다 … 첫째 달 십삼일에 왕의 서기관이 소집되어 하만의 명령을 따라 왕의 대신과 각 지방의 관리와 각 민족의 관원에게 아하수에로 왕의 이름으로 조서를 쓰되 곧 각 지방의 문자와 각 민족의 언어로 쓰고 왕의 반지로 인치니라 이에 그 조서를 역졸에게 맡겨 왕의 각 지방에 보내니 열두째 달 곧 아달월 십삼일 하루

> 동안에 모든 유다인을 젊은이 늙은이 어린이 여인들을 막론하고 죽이고 도륙하고 진멸하고 또 그 재산을 탈취하라 하였고 (에 3:8, 12-13)

첫째 달 13일에 왕의 서기관들이 소집되었고, 모든 유대인을 죽이라는 명령이 떨어졌다. 이날은 첫째 달 14일인 유월절 전날이다. 이때 에스더가 어떻게 하는가? 그녀는 모르드개에게 "당신은 가서 수산에 있는 유다인을 다 모으고 나를 위하여 금식하되 밤낮 삼 일을 먹지도 말고 마시지도 마소서 나도 나의 시녀와 더불어 이렇게 금식한 후에 규례를 어기고 왕에게 나아가리니 죽으면 죽으리이다"(에 4:16)라고 말한다.

나는 그날이 유월절이고, 예슈아가 밤낮 3일을 무덤에 있었던 것과 같이 유대인들이 밤낮 3일을 금식했다는 사실이 매우 흥미롭다. 예슈아는 3일째 되는 날 무덤에서 일어나셨다. 에스더서에서는 어떤 일이 일어나는가?

> 제삼일에 에스더가 왕후의 예복을 입고 왕궁 안 뜰 곧 어전 맞은편에 서니 왕이 어전에서 전 문을 대하여 왕좌에 앉았다가 (에 5:1)

여기에 무언가를 함께 엮어 보자. 부림절은 BC 470년경에 일어났고, 하누카는 BC 170년경에 일어났다. 300년이라는 시간차 외에 부림절과 하누카 사이의 차이점은 무엇인가?

부림절은 이스라엘을 물리적으로 근절시키려는 시도로부터 구해낸 일을 기념한다. 그런데 시리아계 그리스인들은 유대인들의 물리적인 진멸을 시도하지는 않았다. 그들은 유대인들의 영적인 진멸에 관심이 있었다. 안티오쿠스 왕이 요구했던 것은 세 가지였는데, 이스라엘이 토라를 거절하고, 성서력을 지키지 않으며, 할례의 언약을 폐하는 것이었다.

그렇다면 먼저 부림절을 경험하는 것이 궁극적으로는 하누카의 경험으로 나아가는 것을 말한다. 또는 히틀러가 적그리스도로 나아간 것처럼 하만이 안티오쿠스로 나아간다고 말할 수 있다. 적그리스도의 주요 목표는 진멸이 아니라 동화(同化)시키는 것이다. 우리는 이것을 '크리슬람'(Chrislam, 기독교와 이슬람을 혼합한 명칭 – 역자 주)의 가르침에서 볼 수 있는데, 그것은 세계의 평화를 위해 이슬람을 기독교와 병합하려는 시도를 말한다.

많은 기독교인들은 메시아인 예수님이 율법을 폐했으며, 이제 우리가 은혜 아래 있다고 말한다. 그러나 유대인들은 기독교인들이 기대하는 메시아를, 기름부음 받은 자를 대적하기 위해 오는 불법의 메시아 또는 적그리스도로 본다. 많은 사람들이 예수님이 하나님의 율법을 바꾸어 수정하고 무효화했다고 믿는다. 그것이 어제나 오늘이나 영원히 동일하다고 주장하는 성경적 메시아가 행하기에는 모순적인 행동인데도 말이다. 예수님이 기적과 놀라운 일을 행한 선지자였다 할지라도, 만약 그가 율법의 일점일획이라도 제거한다면 성경적으로 자격이 없는 것이다.

나는 적그리스도와 거짓 선지자들이 실제로 자기들이 진짜 모세와 엘리야라고 주장하면서, 진짜 모세와 엘리야를 적그리스도와 거짓 선지자라고 몰아붙일 것이라고 믿는다. 요한계시록 11장에서 누가 비를 멈추고, 물을 피로 바꾸며, 이 땅을 재앙으로 치고 있는가? 그들은 거짓 선지자와 적그리스도가 아니다! 그들은 하나님의 두 증인들로, 모세와 엘리야가 사역 중에 행한 것과 동일한 일을 행한 사람들이다. 그렇다면 적그리스도와 거짓 선지자가 와서 그들을 죽인다면, 세상은 기뻐하게 될 것이다. 왜냐하면 하나님의 두 선지자들이 3년 반 동안 이 땅을 괴롭게 할 것이기 때문이다.

자, 여기 예루살렘에 있는 두 명의 유대인이 회개하고 하나님의 법으로 돌아오라고 외치고 있다. 사람들에게 토라로 돌아오라고 말하고 있는 것이다. 왜냐하면 '토라'는 명령을 의미하기 때문이다.

> 내 아들아 네 아비의 훈계를 들으며 네 어미의 법을 떠나지 말라 (잠 1:8)

이것은 모세의 율법을 말하는 것이 아닐 수 있다. 여기에서 말하는 '법'은 히브리어로 토라이다. ESV(English Standard Version)이 이것을 어떻게 번역했는지 보자.

> 내 아들아, 네 아비의 명령을 들으며, 네 어미의 가르침을 버리지 말라.

또한 히브리어에 능통한 유대 출판협회도 '법'을 '가르침'으로 번역하였다.

이제 세상을 향해 하나님의 명령으로 돌아가라고 말하고 있는 두 명의 증인들로 돌아가 보자. 이 증인들은 사람들에게 하나님께 돌아가라고 말하면서, 동시에 그들을 반대하는 사람들을 죽이고 있다. 사람들은 누구를 믿겠는가? 그들은 방금 죽임을 당한 두 명이 적그리스도와 거짓 선지자라고 생각할 것이다. 왜냐하면 그들이 바로 모든 문제를 야기하는 자들이기 때문이다! 그리고 그들을 죽이는 두 명은 진짜 모세와 엘리야일 것이다!

메시아가 성취할 수백 개의 예언들을 볼 때, 어떻게 예슈아를 유대적 메시아가 아니라고 볼 수 있겠는가? 한 번 2천 년 된 안경을 쓰고 제자들의 입장에 서 보라. 예슈아는 죽었고, 다시 살아났으며, 하늘에 오르셨다. 그리고 성령께서 완벽한 때인 유대의 샤부오트인 오순절에 부어지셨다. 메시아는 이 모든 약속들을 유대인들에게 확인시켜 주셨고, 그래서 유대인 신자들이 복음을 전하고 있었다! 그들이 다니면서 모든 사람에게 예슈야가 성경의 모든 것을 무효화하고 새로운 종교로 다시 시작할 때라고 말했다고 생각하는가? 그것이 좋은 소식(복음)이라고 했다고 생각하는가?

적그리스도와 거짓 선지자는 우리가 예수님을 지키도록 허락할 것이다. 동시에 모든 사람이 평화를 위해 다른 신을 인정해야 한다고 할 것이다. 이것은 유대인들을 비롯한 모든 사람이 그들의 하나님을 지키면서 동시에 우상에게 무릎을 꿇든지, 아니면 죽음을 맞이하든지 선택해야 했던 다니엘서의 상황과 매우 흡사하다. 여기에 숨겨진 강력한 미혹은 우리가 예수님을 지킬 수 있지만, 또한 우상에게도 절을 해야 한다는 것이다.

번드르르한 은혜의 메시지와 심판이 없다고 하는 그리스식 사고를 가진 거짓 예수의 형상은 많은 사람들로 하여금 그들이 우상에게 절을 해도 여전히 용서받을 수 있다고 믿게 할 것이다. 예수님께서 구약의 모든 율법을 폐했기 때문에 분명 이해하실 것이라고 생각할 것이다!

우리는 그들의 메시지가 진정 무엇을 의미하는지 깨달아야 한다. 말라기 4장에서는 아버지들의 마음을 자녀들에게로, 자녀들의 마음을 그들의 아버지들에게로 돌아오게 하는 엘리야의 메시지가 주어진다(5-6절). 이것은 여러 단계로 해석될 수 있는데, 내가 해석한 바를 나누어 보겠다.

초대 교회의 아버지들 또는 지도자들이 누구냐고 묻는다면, 많은 사람들이 마틴 루터 또는 어거스틴이나 오리겐이라고 말할 것이다. 어떤 사람들은 베드로나 바울, 마리아라고도 할 것이다! 그렇지만 어느 누구도 정확하다고 할 수 없다. 초대 교회의 아버지들은 아브라함과 이삭과 야곱이다. 우리의 어머니들은 사라, 리브가, 라헬, 레아이다. 당신이 다르게 생각한다면, 바울이 로마서 11장에서 말한 이스라엘에 접붙임 된 신자들을 보지 못하고, 하나님이 로마 또는 그리스에 또 다른 나무를 심으셨다고 상상하는 것이 된다. 그러한 생각은 어디에서 온 것인가?

한번은 기독교인들이 이스라엘 및 유대인과의 연관성을 이해하도록 돕기 위한 목적으로 열린 박람회에 부스를 설치하였다. 그것은 주에서 개최하는 박람회였다. 우리 부스에는 유대교와 기독교 관련 물품들이 있었고, 맞은편에는 또 다른 부스를 운영하는 젊은 청년이 있었다. 우리가 어떤 단체인지 몰랐던 그는 우리가 유대인이라고 생각했는지 나에게 건너와서는 "당신이 나의 예수를 죽였소!"라고 말했다. 나는 그에게 "아니에요! 전혀 그렇지 않아요!"라고 말했다. 모든 시대의 모든 나라에서 생각보다 많은 기독교인들이 예수님의 죽음에 대해 유대인들을 비난하는 것은 참으로 놀라운 일이다.

마가복음 10장 33절에서 예수님은 그의 제자들에게 그들이 예루살렘으로 올라가게 될 것인데, 그곳에서 자신이 대제사장들과 서기관들에게 넘겨질 것이라고 말씀하신다. 그리고 그들이 자신을 정죄하여 죽이고 이방인들에게 넘겨줄 것이라고 하셨다. 이제 알겠는가? 그분이 이방인들에게 넘겨졌다. 그러면서 34절에서는 이방인들이 그분에게 어떻게 할 것인지 말씀하신다. 그들은 그를 조롱하고, 그에게 채찍질하며 침을 뱉고, 결국 그를 죽일 것이다.

놀랍게도 예수님을 죽인 자들은 이방인들이었다. 그렇다면 모든 시대의 모든 나라에서 그분의 죽음에 대해 비난받아야 할 자들이 모든 이방인이라는 의미인가? 어떤 면에서는 모든 인류가 그분의 죽음에 대한 책임이 있기에 모두가 비난받을 여지가 있다. 그럼에도 요한복음 10장 17절을 통해 우리는 그분이 자발적으로 우리 모두를 위해 자신의 목숨을 내려놓으셨다는 것을 알게 된다.

12장
요한계시록과 여호와의 절기들

 요한계시록에서 타나크로 알려진 구약의 600개 이상의 성경 구절을 인용하고 있다는 것을 아는가?(부록 참고) 만약 그 구절들을 원래 구절들과 연결하지 못한다면, 어떻게 요한계시록을 제대로 이해할 수 있겠는가? 요한계시록은 타나크의 광범위한 비유와 형상에 의존하고 있다. 따라서 오실 메시아에 대한 기독교의 관점은 유대적 렌즈를 통해 보아야 정확하게 이해할 수 있다.

 예를 들어, 요한복음 1장 1절은 "태초에 말씀이 계시니라 이 말씀이 하나님과 함께 계셨으니 이 말씀은 곧 하나님이시니라"고 말한다. 요한은 창세기의 첫 말씀인 '태초에'라는 단어를 사용했는데, 그것은 예슈아가 창조 때부터 계셨던 말씀이라는 의미를 함축하고 있다.

 요한계시록의 첫 장에서 사도 요한은 메노라(일곱 금촛대)와 예슈아가 금촛대의 한가운데에 불꽃같은 눈으로 서 계심(12-14절)을 본다. 그리스식 표현으로는 요한이 알파와 오메가를 보고 있다고 말한다. 그러나 히브리식 표현으로는 정확하게 알레프와 타브를 보고 있는 것이다. 알레프와 타브는 히브리 알파벳의 첫 글자와 마지막 글자이다.

마지막 때에 대한 이해에 있어서 가장 흥미로운 계시는 여호와의 절기들이 어떻게 요한계시록 그리고 현재 전개되고 있는 마지막 때의 사건들과 직접 연결되는가이다. 여기에서 여호와의 절기들이란, 레위기 23장에 하나님이 유월절과 무교절, 오순절과 나팔절, 대속죄일(욤 키푸르)과 장막절 등과 같은 절기들을 위한 신성한 약속들을 그분의 달력에 펼쳐놓은 것을 말한다. 이 말을 하는 이유는 너무나 많은 기독교인들이 초대 교부들의 반유대주의 철학의 영향으로 여호와의 절기들을 유대인들만의 축제로 여겨 역사의 쓰레기통에 던져 버렸기 때문이다.

내가 절기에 대해 공부했던 때는 1970년대의 성경학교 시절이다. 그곳에서는 대체신학의 관점으로 절기에 대해 가르쳤다. 메시아가 누구인가를 올바르게 이해하려면, 그분의 재림과 요한계시록을 절기의 관점으로 보아야 한다. 하나님께서는 시작에서 끝을 선포하셨다고 말씀하셨다. 그러므로 성경의 처음으로 가서 마지막 때에 대해 하나님이 어떻게 말씀하셨는지를 보자.

창세기 1장 14절은 하나님이 징조와 계절과 날과 해(年)를 나타내기 위해 해와 달을 창조하셨다고 말한다. 우리는 이것이 봄, 여름, 가을, 겨울로 구성된 달력과 한 주간의 날들과 2017년과 같은 해(年)라고 생각한다.

세상에는 수많은 달력들이 있다. 오늘날 대부분의 사람들이 사용하는 이교도적 달력의 역사는 2천 년밖에 되지 않기 때문에, 그것이 원조가 될 수는 없다. 우리가 사용하는 달력은 전적으로 태양의 주기에 기반하고 있어서 매우 과학적이고 정확하다. 무슬림 달력 또한 달의 주기에 기반하고 있는데, 이 또한 과학적이며 매우 정확하다.

그렇다면 성경의 달력은 어떤가? 창세기에서 하나님은 그분이 사용하시는 달력이 태양과 달 모두에 기반한 것이라고 말씀하셨다. 하나님은 어떻게 태양과 달이 날과 해(年)를 결정하는가에 대해 말씀하셨는데, 그것은 유월절과 대속죄일 같은 그분의 거룩한 날들을 언급한 것이었다. 그 해(年)들은 이스라엘 백성이 땅을 쉬게 하고 모든 부채를 정리하는 7년 주기를 말하는 것으로, 안식년(셰미타)으로 알려졌다. 또한 희년이 있었는데, 그것은 매 50년을 말하는 것으로, 땅이 원래의 주인에게로 돌아가는 때였다. 일반 달력이나 무슬림 달력 어디에서도 이러한 것들이 인정되지 않는데, 그렇다면 지금 우리가 사용하는 달력들은 분명 하나님의 달력이 아닌 것이다.

'계절들' 또한 정확하게 번역되지 않았다! 이 단어의 히브리어는 '모에드'(moed)이다. 그런데 영어 번역가들이 이 단어를 레위기 23장 2절에서는 '절기'(축제일)로 번역하였다. 도대체 어떻게 된 것인가? 이 히브리어가 가을을 의미하는가, 아니면 음식을 의미하는가? 절기를 생각하면, 나는 커다란 칠면조 요리가 나오는 저녁식사를 떠올리게 된다!

믿거나 말거나, 두 개의 번역 다 정확하지 않다! '모에드'라는 단어는 실제로 신성한 약속을 의미한다.[1] 이렇게 생각해 보자. 하나님은 그분의 시계에 태양과 달을 설치해 놓으셨다. 태양은 시간을 나타내는 바늘이고, 달은 분을 나타내는 바늘이다. 성경은 주님께서는 하루가 천 년과 같다고 말한다(벧후 3:8) 하나님은 그분의 백성과 만나기 원하시는 특정한 시간(모에드)들을 그분의 시간표에 정해 놓으셨다.

이것이 바로 하나님께서 모세에게 구체적으로 어떻게 달들이 시작할 것인가를 결정하는 법을 보여 주신 이유였다. 그것은 월삭(한 달의 시작)을 어떻게 정할 것인가를 보여 줌으로 하셨다. 또한 그분은 유월절이 봄에 지켜져야 한다고 말씀하셨다. 그것이 바로 봄에 유월절을 지내기 위해 성서력이 19년마다 열세 번째 달을 일곱 번 추가한 이유이다.

한동안 캔자스의 가든 시에 산 적이 있는데, 그곳의 경계 지방에는 두 개의 시간대가 존재한다. 하나는 산지 표준시이고, 다른 하나는 중부 표준시이다. 이렇게 두 가지 시간대가 존재하는 경계 지방에 살 때에는 각각의 시간대에 맞게 시계를 두 개 가지고 있는 것이 도움이 된다. 특히 한 지역에 살면서 2마일 떨어진 곳에서 일한다면 더욱 그렇다. 때로는 교통 체증 없이 2마일을 운전하는 데 '한 시간'이 걸릴 수도 있다!

믿는 자에게도 마찬가지이다. 우리는 두 개의 다른 달력을 따라야 한다. 하나는 하나님이 창조하신 것이고, 다른 하나는 사람이 만든 것이다(왜냐하면 우리가 아직도 이 세상에 살고 있기 때문이다). 하나님이 이사야 66장의 끝부분에서 새 하늘과 새 땅을 창조하실 때 우리가 행할 것을 말씀하신 대로(22-23절), 이교도 달력이 폐기 처분되고 모든 믿는 자가 하나님의 달력을 따를 때가 올 것이다.

만일 상사가 금요일 오후 3시에 만나길 원하는데, 그것이 자신의 일정에 맞지 않는다고 해서 월요일 오전 10시에 만나는 것이 좋다고 한다면, 어떻게 되겠는가? 우주의 창조주께서 인류에게 나타나실 시간을 창조 때에 정해 놓으셨다. 즉, 그분께서 자신의 자녀들을 만나기 위해 신성한 약속들을 잡아 놓으셨다는 것이다.

문제는 대부분의 성도들이 이 사실을 모르거나 관심이 없어서 그때에 나타나지 않는다는 것이다. 원수가 바라는 것 중 하나는 우리가 그 신성한 약속을 놓치는 것이다. 다니엘 7장 23-25절은 어떻게 네 번째 짐승이 때와 법을 바꾸기 원하는가를 말한다. 이것은 세상의 달력이 아니라, 하나님이 정하신 때를 말하는 것이다!

어떤 면에서 적그리스도의 영은 유월절을 성서력에서 이교도의 달력에 맞게 바꿈으로 부분적으로는 성공하였다. 그 영향으로 2016년에 기독교인들은 유월절 한 달 전에 부활절을 지냈다! 도대체 잘못된 달력을 사용하지 않고서야 어떻게 그리스도가 죽기도 전에 그분의 부활을 맞이할 수 있는가?

크리스마스는 항상 12월 25일에 기념하는데, 부활절은 왜 매번 달라지는가? 그것은 초대 교회가 유대인들과 분리되기 원했기 때문이다! AD 325년에 니케아 공회는 부활절을 춘분점이나 그 이후의 첫 만월 후 맞는 주일에 지키는 것으로 제정하였다. 하나님의 달력은 태양과 달 모두를 기반으로 하고 있어서, 유월절이 겨울에 오거나 하누카가 여름에 오지 않는다.

메시아의 때에는 정해진 달력 없이, 산헤드린이 여러 가지 요소들을 기준으로 결정했다. 그중 중요한 요소는 춘분점이었다. 춘분점이 니산월의 첫 15일보다 늦게 오는 것 같아 보이면, 한 해를 건너뛰어 한 달을 추가하곤 했다. 그것만이 유일한 요소는 아니었다. 날씨가 봄날 같지 않고 보리가 추수되지 않으면, 다른 한 달이 더해졌다.

그리스인들은 자연과 천문학을 좋아했다. 그들은 유대인 권위자들이 (비록 그것이 그들의 관찰과 일치하지 않아도) 새로운 한 달의 시작을 결정하는 권한을 갖는 것을 좋아하지 않았다. 하누카 기간에 그리스인들은 유대인들이 성서력을 정하는 산헤드린의 권위를 사용할 경우 죽이기로 결정했다. AD 359년에 로마가 권력을 잡은 이후, 산헤드린은 더 이상 한 달의 시작을 정하는 권한을 행사할 수 없게 되었다. 그래서 산헤드린의 랍비 힐렐은 성전이 재건되거나 메시아가 올 때까지 달력에 오류가 없도록 19년마다 열세 번째 달을 일곱 번 추가하여 영구한 달력으로 정해 놓았다.

가톨릭 교인들은 부활절을 유대인이 아닌 자신들이 결정해야 한다고 생각했다. 오늘날 개신교인들은 이 부분에서 가톨릭 교회의 권위를 따른다.

다가올 것들을 위한 총연습

내가 발견한 또 다른 놀라운 점은 절기들이 실제로 앞으로 다가올 것에 대한 총연습이거나 그림자라는 것이다! 레위기 23장은 첫 달의 14일 저녁이 여호와의 유월절이라고 말한다. 그리고 동일한 달의 15일이 여호와의 무교절이다. 여기서 유대인의 유월절이 아닌 여호와의 유월절이라고 한 것을 주목하라. 또한 이것은 1월 14일 또는 15일을 말하는 것이 아니다!

왜 주님이 유월절에 죽으시고, 무교절에 장사되셨으며, 초실절에 부활하셨는지, 성령께서 우리가 오순절로 알고 있는 샤부오트에 부어지셨는지 아는가? 주님이 어제나 오늘이나 영원토록 동일하시다는 것을 믿는가? 정말 믿는가? 그렇다면 주님이 초림으로 봄 절기에 대한 예언을 성취하셨듯이, 그분의 재림으로 가을 절기에 대한 예언을 성취하실 것이다!

나는 지금 날짜를 확정하는 것이 아니다. 다만 하나님의 말씀 안에 세워진 모형을 밝히고 있는 것이다. 이제 절기들을 위한 지시사항을 살펴보고, 어떻게 그것이 요한계시록과 연결되는지 알아보자.

레위기 23장에는 나팔절(로시 하샤나, 유대인의 신년을 기념하기 위해 나팔을 부는 날 - 역자 주)이 나오는데, 그것은 티슈리월 첫날이며, 우리의 9-10월 경이다. 나는 이것이 수년 후의 그날, 메시아의 대관식을 위한 총연습을 위해 정해진 때라고 믿는다. 요한계시록에서 나팔들에 대한 언급을 들은 적이 있는가? 물론이다! 그렇다면 요한계시록이 말하고 있는 것을 완전히 이해하기 위해 이 절기를 알아야 한다.

나팔절은 문을 여는 날로 알려져 있는데, 하나님께서 모든 인류를 심판하시기 위해 그분의 보좌에 앉으시는 날이다. 요한계시록 4장 1-2절에서 우리는 무엇을 발견하는가? "하늘에 열린 문이 있는데 내가 들은 바 처음에 내게 말하던 나팔 소리 같은 그 음성이 이르되 이리로 올라오라 이 후에 마땅히 일어날 일들을 내가 네게 보이리라 하시더라 내가 곧 성령에 감동되었더니 보라 하늘에 보좌를 베풀었고 그 보좌 위에 앉으신 이가 있는데." 여기서 요한이 열린 문을 보고 있는데, 이것은 나팔절의 용어이다! 요한계시록 전반에서 우리는 나팔 소리를 듣게 된다.

대속죄일(욤 키푸르)은 어떤가? 이것도 요한계시록에서 언급되는가? 당연하다! 레위기 16장에서 우리는 욤 키푸르를 위한 지시사항을 볼 수 있다. "향로를 가져다가 여호와 앞 제단 위에서 피운 불을 그것에 채우고 또 곱게 간 향기로운 향을 두 손에 채워 가지고 휘장 안에 들어가서 여호와 앞에서 분향하여 향연으로 증거궤 위 속죄소를 가리게 할지니 그리하면 그가 죽지 아니할 것이며 그는 또 수송아지의 피를 가져다가 손가락으로 속죄소 동쪽에 뿌리고 또 손가락으로 그 피를 속죄소 앞에 일곱 번 뿌릴 것이며 또 백성을 위한 속죄제 염소를 잡아 그 피를 가지고 휘장 안에 들어가서 그 수송아지 피로 행함 같이 그 피로 행하여 속죄소 위와 속죄소 앞에 뿌릴지니"(레 16:12-15).

시편 141편 2절은 우리의 기도를 향에 비유한다. 이것을 요한계시록 8장 3-5절과 비교해 보라. 거기에서 천사가 '많은 향'을 받아서 모든 성도의 기도와 합하여 보좌 앞 금 제단에 드리고, 향연이 성도의 기도와 함께 천사의 손으로부터 하나님 앞으로 올라가 향로를 가지고 제단의 불을 담아다가 땅에 쏟는 장면을 보게 된다. 이것은 욤 키푸르가 성취되는 것을 말한다!

이번에는 레위기 16장 16-17절의 대속죄일 예식으로 돌아가 보자. 여기에서 제사장이 속죄하러 성막에 들어가 자신과 자기 집안과 이스라엘 온 회중을 위해 속죄할 때까지 성막에 아무도 없다. 그리고 요한계시록 15장 8절에는 다음과 같이 기록되어 있다. "하나님의 영광과 능력으로 말미암아 성전에 연기가 가득 차매 일곱 천사의 일곱 재앙이 마치기까지는 성전에 능히 들어갈 자가 없더라."

매년 대속죄일에 대제사장은 레위기 16장에 언급된 대로 그의 정식 예복을 벗고 흰 아마포를 입는다. 이것이 종교적 유대인이 매년 대속죄일에 흰 옷을 입는 이유이다. 그들은 흰색이 의로움의 상징임을 안다. 모두가 흰 옷을 입고 짐승을 잡는 주변에 서서 제단에 피를 뿌리는 광경을 상상할 수 있겠는가?

대속죄일은 심판의 날로 알려져 있다. 그날에는 책들과 문들이 닫히고 심판이 내려진다. 요한계시록 19장에는 다음과 같이 기록되어 있다. "그의 심판은 참되고 의로운지라 음행으로 땅을 더럽게 한 큰 음녀를 심판하사 자기 종들의 피를 그 음녀의 손에 갚으셨도다 하고 … 또 그가 피 뿌린 옷을 입었는데"(2, 13절). 그리고 하늘의 군대가 희고 깨끗한 고운 아마포 옷을 입고 흰 말을 타고 그분을 따르고, 세상의 모든 나라들이 그분의 말씀에 의해 내침을 당할 것이다(14-15절). 이것들은 모두 욤 키푸르 때의 모습으로, 이러한 사건들이 모형에 따라 미래에 정해진 어느 대속죄일에 일어날 것을 확인시켜 준다.

장막절은 어떤가? 물론 그것도 요한계시록에 있다! 이것은 우주의 왕이 다시 한 번 그의 피조물에 거하는 마지막 대단원을 장식하는 것을 말한다. 요한계시록 21장 3절에서 요한은 "보좌에서 큰 음성이 나서 이르되 보라 하나님의 장막이 사람들과 함께 있으매 하나님이 그들과 함께 계시리니 그들은 하나님의 백성이 되고 하나님은 친히 그들과 함께 계셔서"라는 음성을 듣는다. 얼마나 흥분되는 일인가! 상상해 보라. 전도서 3장 1절의 말씀대로 해 아래 행해지는 모든 일에는 시기와 때가 있고, 하나님이 인류 역사에 들어오실 정해진 때가 있다!

이러한 이해를 가지고, 나는 나팔절의 예언적 사건들이 미래의 어느 해 나팔절을 위해 정해진 때에 이루어질 것을 믿는다. 동일한 일이 대속죄일과 장막절을 위해서도 일어날 것이다!

사람들은 나에게 절기들은 폐해졌고, 그것이 성경에 근거한 것이라고 말한다. 그러나 그것은 그들이 성경을 완전히 잘못 해석한 것이다.

> 그러나 너희가 그 때에는 하나님을 알지 못하여 본질상 하나님이 아닌 자들에게 종 노릇 하였더니 이제는 너희가 하나님을 알 뿐 아니라 더욱이 하나님이 아신 바 되었거늘 어찌하여 다시 약하고 천박한 초등학문으로 돌아가서 다시 그들에게 종 노릇 하려 하느냐 너희가 날과 달과 절기와 해를 삼가 지키니 내가 너희를 위하여 수고한 것이 헛될까 두려워하노라 (갈 4:8-11)

> 그러므로 먹고 마시는 것과 절기(holyday)나 초하루나 안식일을 이유로 누구든지 너희를 비판하지 못하게 하라 이것들은 장래 일의 그림자이나 몸은 그리스도의 것이니라 (골 2:16-17)

달에 대한 표현이 초하루와 날들, 절기들과 비교하여 차이가 있는 것을 알아차렸는가? 바울은 여기에서 두 개의 다른 달력을 말하고 있다! 갈라디아서에서는 이교도 달력을 말하는 것이고, 골로새서에서는 성서력을 말하고 있다.

우리는 이것을 이해하기 위해 문맥을 중심으로 봐야 한다. 첫 구절에서 바울은 갈라디아인들에게 말하고 있다. 그들은 누구인가? 이해를 돕기 위해 사도행전으로 가 보자. 사도행전 14장 8-11절에는 루스드라의 한 남자가 등장하는데, 그는 발을 쓰지 못하는 사람, 즉 걸어본 적이 없는 사람이다. 그는 바울이 큰 소리로 두 발로 똑바로 일어서라고 하는 말을 듣고, 즉시 일어나 뛰고 걸었다. 사람들은 바울이 행한 일을 보고, 소리를 높여 "신들이 사람들의 형상으로 우리에게 내려왔다"고 말했다.

이어서 12-15절에는 다음과 같이 기록되어 있다. "바나바는 제우스라 하고 바울은 그 중에 말하는 자이므로 헤르메스라 하더라 시외 제우스 신당의 제사장이 소와 화환들을 가지고 대문 앞에 와서 무리와 함께 제사하고자 하니 두 사도 바나바와 바울이 듣고 옷을 찢고 무리 가운데 뛰어 들어가서 소리 질러 이르되 여러분이여 어찌하여 이러한 일을 하느냐 우리도 여러분과 같은 성정을 가진 사람이라 여러분에게 복음을 전하는 것은 이런 헛된 일을 버리고 천지와 바다와 그 가운데 만물을 지으시고 살아 계신 하나님께로 돌아오게 함이라."

갈라디아인들이 하나님을 알기 전, 그들은 태양계의 신봉자로서 그와 관련된 우상들을 따랐다. 이것이 바로 바울이 그들에게 이제 하나님을 알고 그분의 달력을 알면서 약하고 천박한 초등학문으로 돌아가 달과 해를 섬기며 이교도 달력을 따르느냐고 묻고 있는 이유이다.

그리고 골로새서 2장 16절에서 바울은 성서력을 언급하고 있다. 그는 기본적으로 그 달력을 지키는 것을 기뻐하면서, 그들이 절기와 성서력을 지키는 것에 대해 갈라디아인들이 판단하는 것을 허락하지 말라고 격려하고 있다! 골로새인들은 갈라디아 근방에 살았다. 그는 그들에게 하나님의 달력을 무시함으로 미혹당하지 말라고 말하고 있다.

나는 바울이 '어리석은 갈라디아인들'에게 성서력이 있는데, 도대체 왜 이교도의 달력 체계로 돌아갈 수 있느냐고 묻고 있었다고 믿는다. 그들은 자신들이 사용하지 않는 성서력으로 돌아갈 수 없었을 것이다. 그래서 골로새인들에게 성서력에 따라 살고 있는 그들을 어느 누구도 판단하지 않게 하라고 말했던 것이다.

절기들은 다가올 것들의 그림자이다. 과거에 일어났던 것의 그림자일 뿐만 아니라 아직 오지 않은 미래의 사건들의 그림자라는 것이다! 광야에서 모세의 장막이 하늘 장막의 그림자였던 것처럼, 그리고 이 땅의 예루살렘이 천상의 예루살렘의 그림자인 것처럼, 우리는 이 땅의 것들이 미래에 다가올 것의 그림자임을 보게 될 것이다. 이 땅의 우리의 몸조차 장차 올 천상의 몸의 그림자이다.

그림자가 없다면, 그것이 투영한 현실이 있다는 것을 어떻게 알겠는가! 그림자를 내팽개친다면, 우리를 도와주려고 오는 하늘의 정보를 차단해 버린 격이 된다! 그것뿐만이 아니다. 성경이 우리가 "하나님의 형상대로 창조되었다"고 선포할 때, 그것은 하나님의 그림자를 위해서도 동일한 말인 것이다! 그림자는 하찮은 것이 아니다. 하나님의 그림자가 하찮은 존재인가?

결론

나는 인류가 역사의 새로운 장으로 들어가고 있다고 믿는다. 유대적 관점으로 성경의 예언을 본다면, 세상을 다르게 보게 될 것이다. 매년 토라의 마지막 장이 회당에서 읽혀지고 나면 그 다음 주에 다시 창세기부터 시작하는데, 그때마다 토라에 대해 새롭게 이해하게 된다. 나는 하나님께서 "하늘의 만상이 사라지고 하늘들이 두루마리 같이 말리되 그 만상의 쇠잔함이 포도나무 잎이 마름 같고 무화과나무 잎이 마름 같으리라"(사 34:4)고 말씀하신 구절을 생각하지 않을 수 없다. 모든 것이 새롭게 될 때, 하나님께서 새 하늘과 새 땅을 펴실 것을 믿는다.

나뭇잎사귀가 떨어짐으로 새로운 계절이 오는 것과 마찬가지로, 성경은 하나님이 행하시는 모든 일에 때와 시기와 목적이 있다고 선포한다. 하지만 안타깝게도 성경은 그분의 자녀들이 그것을 알지 못한다고 말한다. "공중의 학은 그 정한 시기를 알고 산비둘기와 제비와 두루미는 그들이 올 때를 지키거늘 내 백성은 여호와의 규례를 알지 못하도다"(렘 8:7).

이곳 워싱턴 주에서 나뭇잎사귀들이 떨어지고 가을비가 오기 시작하면, 차고 뒤의 안뜰 의자에 방석을 놓아야 할 때가 된 것이다. 이 세상의 정치적·경제적 상황과 성경의 상황을 보면, 지금이 허리띠를 졸라맬 때라는 것을 알 수 있다.

우리는 새로운 성경의 계절로 들어가고 있음을 이해해야 한다. 미래를 잘 맞이하기 위해 롯의 아내처럼 뒤를 돌아보지 말아야 한다. 최근 과거에 이스라엘에 일어났던 사건들이 역사적으로 반복되는 것은, 우리에게 하나의 문을 닫고 새로운 주기로 들어가라고 말하는 것이다. 우리는 항해도에 대한 확신도 없이 미지의 바다를 향해 나아가는 자들과 같다.

분명히 새로운 계절이 시작되었다. 이제는 교회가 아닌 이스라엘이 우리의 초점이 되었다. 2017년과 2018년은 이미 과거가 되었는데, 그 두 해가 합류하면서 120년 주기의 첫 시온주의 국회, 100년 주기의 벨푸어 선언, 70년 주기의 이스라엘 국가 선언, 50년 주기의 이스라엘의 예루살렘 재탈환이 끝났다. 이러한 주기들이 동시에 끝났다는 것은 마치 슬롯머신에 체리 그림이 한꺼번에 나오는 것과 같다. 이러한 일은 절대 다시 일어나지 않을 것이다.

성경이 우리에게 과거를 기억하라고 권하는 반면, 우리는 여전히 과거를 돌아보지 않고 메시아가 오실 때까지 오로지 밭만 갈며 일하고 있다. 예언적으로 우리는 지금 중동에서 평화 조약이 체결되고 성전이 재건되길 기대하고 있다.

나는 선지자가 아니고, 선지자가 될 생각도 없다. 다만 성경에서 발견한 모형에 기반하여 나의 생각을 전할 뿐이다. 나는 매우 짧은 시간 안에 성전 재건 소식을 듣게 될 것이라고 믿는다. 또한 중동에서 큰 전쟁이 터진다 해도 그리 놀라지 않을 것이다.

우리의 근본적인 힘은 예슈아께서 이 모든 일들을 오래전에 말씀하셨다는 사실에 있다. 그분이 우리의 모형이시다! 내 사전에 두려움은 없다. 나는 죽을 뻔한 경험을 수없이 했는데, 몇 번인지 기억조차 하지 못한다. 사람들이 두 번이나 내 머리에 총을 겨누며 죽이겠다고 위협했고, 안전벨트를 채우지 않은 상태에서 차가 세 바퀴 반이나 구른 뒤 도랑에 거꾸로 박힌 적도 있었다. 결혼 전날 의료사고로 거의 죽을 뻔하기도 했다. 이러한 일들을 통해 나의 때가 아니었다면 그러한 일이 일어나지도 않았을 것이고, 그에 대해 내가 할 수 있는 것이 아무것도 없다는 것을 깨달았다.

우리는 열두 명의 정탐꾼이 약속의 땅으로 들어간 것과 같은 때에 살고 있다. 그들은 이스라엘 백성에게 가나안 원주민들에 대한 두려움을 심어 주었다. 그들의 영향으로 모든 백성이 불평하기 시작했지만, 여호수아와 갈렙은 주님을 신뢰하라고 하면서 사람들을 진정시켰다. 당신은 특별히 이때를 위해 지음 받은 이 시대의 여호수아와 갈렙이다. 말라기 마지막 장에서는 하나님의 이름을 경외하는 자는 악한 자를 발밑의 먼지같이 밟게 될 것이라고 말한다! 지금은 원수를 짓밟을 군화를 신어야 할 때이다!

나에게 있어서 가장 중요한 것은 죽고 사는 문제가 아니라 하나님이 맡기신 임무를 완수하는 것이다. 나는 휴거가 환난 전후 중 언제 일어나든 염려하지 않는다! 여기에 옳고 그른 것을 따질 이유가 없다. 하나님도 이것을 투표로 집계하지 않으실 것이다. 나는 단지 나에게 예정하신 모든 일이 성취되기 전에 하나님이 나를 데리고 가지 않으시길 바랄 뿐이다.

너무나 많은 사람들이 교리적 논쟁에 사로잡혀 하나님 나라를 위해 어떤 것도 완수하지 않는다. 수많은 예언 사역자들이 누가 적그리스도인지, 또는 휴거가 언제 일어날지를 먼저 알아내면 사람들에게 인정을 받을 것이라고 믿는다. 이에 대해 내가 생각하는 시나리오를 말해 보겠다.

노아가 방주를 지었을 때, 그의 이웃들은 홍수에 대한 예언을 이해하려고 노력하면서 노아가 하나님이 보내신 선지자가 맞는지를 규명하려고 애썼다. 그중 절반이 노아를 하나님이 보내신 사람으로 믿었다고 생각해 보자. 그들 중 절반은 비가 언제든지 올 것이라고 믿었고, 홍수가 올 것을 믿었던 사람들은 아마 비가 언제 내리기 시작할 것인지에 대해 논쟁하였을 것이다. 구름이 나타나면, 그 내기에서 이길 확률이 더 높았을 것이다.

문제는 그 누구도 방주에 타지 않았다는 것이다. 내기에 건 돈을 가지러 왔을 때, 그들은 모든 것을 잃어버렸다. 모든 패자들의 수표가 무효가 되었기 때문에 승자들은 그 돈을 현금화할 수 없었다!

나는 맞지만 준비되지 않은 것보다 차라리 틀리더라도 제대로 준비되길 원한다. 우리는 시대의 징조를 알아야 한다! 마태복음 25장에는 열 처녀의 비유가 나오는데, 슬기로운 다섯 처녀와 어리석은 다섯 처녀 모두 혼인의 때를 알았다. 하지만, 오직 슬기로운 처녀들만 혼인잔치를 위해 준비되어 있었다. 그들은 등잔에 기름을 준비하였다. 기름은 빛을 밝히는 것으로, 잠언 6장 23절을 연상시킨다. "명령은 등불이요 법은 빛이요 훈계의 책망은 곧 생명의 길이라."

우리는 과거를 통해 잘못을 고칠 수 있지만, 과거에 머물러 살지는 않는다. 기독교인들은 사람이 만든 전통에 사로잡혀서 결국은 메시아를 놓친 예슈아 시대의 유대 지도자들에 대해 말하기를 좋아한다. 그런데 오늘날의 기독교 지도자들도 그들과 크게 다르지 않다. 그들은 성경적이지 않을 수도 있는 교파적 전통에 지나치게 사로잡혀 있다.

메시아 시대의 종교 지도자들이 자신의 지위와 명예를 잃을까봐 걱정한 것처럼, 오늘날에도 교단 안에 성경에 위배되는 교리가 있다는 것을 알면서도 자신의 지위나 사역을 잃을까봐 걱정되어 전통을 유지하려는 지도자들이 있다. 사람은 다 똑같다. 해 아래 새 것은 아무것도 없다.

적그리스도가 누구인지를 아는 것은 그의 철학을 아는 것만큼 중요하지 않다. 우리는 그가 때와 시기를 바꾸어 우리로 그것을 알 수 없게 한다는 것을 알아야 한다. 우리는 하나님의 시간을 알아야 한다. 그래야 언제 승선해야 하는지를 알게 될 것이다! 적그리스도의 영은 불법의 영 중 하나이다. 여기서 말하는 불법은 세상의 법에 관한 것이 아니다. 물론 수많은 세상의 법들이 불법적이다. 분명한 사실은 적그리스도가 하나님의 법을 대적한다는 것이다. 우리가 하나님의 법을 폐기된 것으로 여기거나 그것을 역사의 쓰레기통으로 던져 버린다면, 심각한 문제가 발생할 것이다.

나는 4천 년 전과 마찬가지로 우리가 믿음을 통해 은혜로 구원받았음을 믿는다! 우리는 선행으로 천국에 가지 못한다. 우리가 행하는 선행은 하늘에 계신 아버지를 영광되게 하는 것이지, 우리를 영광스럽게 하지는 못한다. 우리는 율법을 지킴으로 천국에 가지 못한다. 속도위반으로 잡힌 사람이 판사에게 속도를 위반하지 않은 시간들을 보라고 말할 수는 없다! 은혜는 순종하기로 동의한 사람들에게 주어진 것이지, 불법을 계속 행하려는 사람들에게 주어진 것이 아니다! 적그리스도는 결국 법을 파기하는 자이다.

나는 하나님의 율법을 향한 일부 기독교인들의 비판을 이해할 수 없다. 우리에게 하나님이 집필하신 것을 편집할 자격은 없다. 그렇지 않은가? 어찌 감히 하나님의 일에 우리의 정보가 필요하다고 할 수 있는가? 어떻게 하나님께서 집필하신 내용을 부분적으로 뺀다든지 쓰레기통에 넣을 수 있단 말인가? 다윗은 하나님의 법을 사랑한다고 말했다. 그리고 하나님의 법이 무효화되었을 때 슬피 울었다. 우리가 하나님의 법을 얼마나 사랑하는지 말할 때 사람들이 입에 거품을 문다거나 눈에 불을 켜며 화를 낸다면, 그들 안에 어떤 영이 있는지 알 수 있을 것이다. 사도 요한은 하나님의 명령이 슬프게 여겨질 것이 아니라고 선포했다.

나는 우리가 진정으로 세상의 마지막 장으로 들어가고 있으며, 조만간 휘장이 내려져 접힐 것이라고 믿는다. 그렇다고 하나님의 각본에 몇 장이 남아 있는지 안다는 것은 아니다. 다만 하나님의 영이 말씀하시는 것을 보고 들을 수 있는 자들은 지금이 바로 가방을 꾸려야 할 때라는 것을 알아야 한다고 말하는 것이다. 지금은 나팔 소리를 들어야 할 때다!

예레미야 6장에서 하나님은 그의 백성에게 나팔 소리를 들으라고 부르짖으시지만, 그들은 들으려 하지 않았다. 하나님은 우리 모두에게 자유의지를 주셨다. 우리는 돌아오라는 그분의 부르심을 듣거나, 또는 듣지 않고 우리의 방법대로 계속할 수 있다. 그러나 한 가지 기억해야 할 것이 있다. 그것은 문을 닫아야 할 때가 왔을 때, 주님께서 그 문을 다시 열어 주지 않으신다는 것이다. 주님의 부르심을 놓치지 않도록 귀를 활짝 열라!

마지막 때의 미혹은 매우 클 것이다. 미혹당할 때의 가장 심각한 문제는 자신이 미혹당하고 있다는 것조차 모르는 것이다! 유일신 신앙을 가진 자들은 진짜 선지자와 가짜 선지자가 있고, 진짜 메시아와 가짜 메시아가 있다는 것을 믿는다. 여섯이 싸울 것인가, 아니면 여덟이 싸울 것인가? 아니면 단 둘이나 세 명인가? 누가 진정한 메시아인지 분별하려고 노력하는가?

이것이 바로 적그리스도가 누구인가를 파악하려고 노력하기보다는 그의 철학을 정확하게 이해하는 것이 중요하다고 말하는 이유이다. 이와 관련하여 많은 사람들이 모르는 것이 있다. 그것은 수천 년 동안 존재해 온 적그리스도의 영이 많은 사람들을 불법의 영으로 유혹하고 있다는 것이다.

지금껏 이 여정을 따라와 주어 고맙다. 우리 모두가 흐릿하게 거울을 통해 보고 있지만, 이제 많은 이들의 눈이 조금이라도 더 밝아졌기를 기도한다.

부록

〈타나크와 관련된 요한계시록 구절들〉

요한계시록	타나크	요한계시록	타나크
계 1:1	단 2:28-29	계 1:4	출 3:14; 사 11:2; 슥 3:9; 4:10
계 1:5	창 49:11; 시 89:27	계 1:6	출 19:6; 사 61:6
계 1:7	단 7:9, 13; 겔 1:26-28; 사 40:5; 슥 12:10-14	계 1:8	사 41:4; 44:6; 48:12
계 1:12	출 25:37; 37:23; 슥 4:2	계 1:13-16	삿 5:31; 시 149:6; 사 49:2; 단 7:9, 13; 겔 1:7, 24; 8:2; 43:2
계 1:17	단 8:17-18; 10:5-19; 사 41:4; 44:6; 48:12	계 1:18-20	욥 3:17; 시 68:20; 호 13:14; 말 2:7
계 2:1	신 23:14	계 2:2	시 1:6
계 2:4	렘 2:2	계 2:7	창 2:9; 3:22-24; 잠 11:30; 13:12; 겔 31:8
계 2:12	시 149:6; 사 49:2	계 2:14	민 24:14; 25:1-3; 31:16
계 2:16	사 11:4	계 2:17	출 16:33-34; 사 62:2; 65:15
계 1:18	단 10:6	계 2:20	출 34:15; 왕상 16:31; 21:23-25; 왕하 9:7, 22-23
계 2:23	삼상 16:7; 대상 28:9; 29:17; 대하 6:30; 시 7:9; 26:2; 28:4; 62:12; 렘 11:20; 17:10	계 2:27	시 2:7-9; 49:14; 사 30:14; 렘 19:11; 단 7:22; 말 4:1, 3
계 3:4-5	출 32:32-33; 전 9:8; 시 69:28	계 3:7	사 22:22; 욥 12:14

계 3:9	사 43:4; 49:23; 60:14	계 3:10	사 24:17
계 3:11	시 89:39; 애 5:16	계 3:17	호 12:8; 전 2:7-11
계 3:12	왕상 7:21; 시 87:5-6; 사 62:2	계 3:14	사 65:16
계 3:18	잠 27:21; 사 55:1	계 3:19	욥 5:17; 잠 3:11-12
계 3:20	아 5:2	계 3:21	시 110:1
계 4:1-3	사 6:1; 렘 17:12; 겔 1:1, 26-28; 10:1; 단 7:9	계 4:4	시 21:3-6
계 4:5	출 19:16; 37:23; 대하 4:20; 겔 1:13; 사 6:1-4; 11:2; 슥 4:2	계 4:6	출 24:10; 38:8; 겔 1:5, 18, 22, 26; 10:1, 12
계 4:7-8	사 6:2-3; 겔 1:10, 18; 10:12, 14	계 4:9	신 32:40; 단 4:34; 6:26; 12:7
계 4:11	창 1:1	계 5:1	사 29:11; 겔 2:9-10; 단 12:4
계 5:5	창 49:9-10; 사 11:1-2, 10	계 5:6	사 53:7; 슥 3:8-9; 4:10; 대하 16:9
계 5:8	시 141:2	계 5:9	시 40:3; 98:1; 단 4:1; 6:25
계 5:10	출 19:6; 사 61:6	계 5:11	시 68:17; 단 7:10
계 5:13	대상 29:11	계 6:2-5	시 45:4-5; 슥 1:8; 6:2-3, 11
계 6:8	레 26:22; 렘 15:2-3; 24:9-10; 겔 14:21; 슥 6:3	계 6:10	신 32:43; 슥 1:12
계 6:12-13	사 13:13; 24:18, 23; 34:4; 학 2:6; 욜 2:10, 31; 3:15	계 6:14	시 102:26; 사 34:4; 렘 3:23; 4:24
계 6:15-16	사 2:9-12, 19; 13:13; 호 10:8; 시 48:4-6; 110:5; 욜 2:11	계 6:17	시 76:7; 사 13:6; 렘 30:7; 나 1:6; 습 1:14-18; 말 3:2
계 7:1	단 7:2; 슥 6:4-5	계 7:2	겔 9:2
계 7:3	겔 9:4-6	계 7:9	레 23:40
계 7:10	시 3:8; 사 43:11; 렘 3:23; 호 13:4	계 7:14	창 49:11; 사 1:18; 슥 3:3-5

계 7:15	레 26:11; 사 4:5-6	계 7:16	시 121:5-6; 사 49:1
계 7:17	시 23:1-2; 36:8; 사 25:8; 겔 34:23	계 8:2	대하 29:25-28
계 8:3-4	출 30:1, 8; 레 16:12; 시 141:2	계 8:5	출 19:16; 삼하 22:8; 왕상 19:11; 겔 10:2
계 8:7	출 9:23; 사 2:13; 시 18:13; 겔 38:22; 욜 2:30	계 8:8	출 7:17-20; 렘 51:52; 겔 14:19; 암 7:4
계 8:10	사 14:12	계 8:11	출 15:3; 룻 1:20; 렘 9:15; 23:15
계 8:12	사 13:10; 겔 32:7; 암 8:9	계 9:1	사 14:11-16
계 9:2-3	창 19:18; 출 9:8; 10:12-15	계 9:4	출 12:3; 겔 9:4-6
계 9:6	욥 3:21; 사 2:19; 렘 8:3	계 9:7-9	단 7:8; 욜 1:6; 2:4-5; 나 3:17
계 9:14	창 15:18	계 9:16	시 68:17; 겔 38:4; 단 7:10
계 9:17	대상 12:8; 사 5:28-29	계 9:19	사 9:15
계 9:20	레 17:7; 신 31:29; 32:17; 시 106:37; 115:4; 135:15; 단 5:23	계 10:1	겔 1:26-28
계 10:2	겔 2:9	계 10:3	렘 25:30
계 10:4	단 8:26; 12:4-9	계 10:5	신 32:40; 출 6:8
계 10:6	느 9:6	계 10:7-10	렘 15:16; 겔 2:8-10; 3:1-3; 암 3:7
계 10:11	렘 1:9-10	계 11:1	민 23:18; 겔 40:3, 5, 47; 41:13; 48:35; 슥 2:1
계 11:2	시 79:1; 겔 40:17-20; 단 7:25; 8:10	계 11:4	시 52:8; 렘 11:16; 슥 4:1-3, 11, 14
계 11:5	민 16:29, 35; 왕하 1:9-12; 렘 1:10; 5:14; 겔 43:3; 호 6:5	계 11:6	출 7:19-20; 왕상 17:1
계 11:7	단 7:3; 7-8, 21; 슥 14:2	계 11:8	사 1:9-10; 3:9; 렘 23:14; 겔 16:49; 23:3

계 11:9-10	에 9:19, 22; 시 79:2-3	계 11:11	겔 37:5, 9-10, 14
계 11:12	왕하 2:1, 5, 7; 사 14:13; 60:8	계 11:13	수 7:19
계 11:15	출 15:18; 사 27:13; 단 2:44; 7:14, 18, 27	계 11:18	시 2:1-5; 46:6; 115:13; 단 7: 9-10, 22; 11:44
계 12:1-2	창 37:8-10; 미 4:9-10; 사 26:17; 66:7	계 12:3	사 27:1; 단 7:7, 20, 24
계 12:4	출 1:16; 단 8:10	계 12:5	시 2:9, 10; 사 66:7
계 12:6	단 7:25	계 12:7	단 10:13, 21; 12:1
계 12:9-10	창 3:1, 4; 욥 1:6-9; 2:1-5; 슥 3:1	계 12:12	시 96:11; 사 49:13
계 12:14	출 19:4; 신 32:11; 사 40:31; 단 7:25; 12:7; 호 2:14-15	계 12:15	사 59:19
계 12:17	창 3:15	계 13:1-7	단 2:37; 5:19; 7:2-11, 21, 25; 8:10, 24; 11:36
계 13:8	출 32:32; 단 12:1	계 13:10	창 9:6; 사 14:2; 33:1; 렘 15: 2; 43:11
계 13:13	신 13:1-3; 왕상 18:38; 왕하 1:10, 12	계 13:14	왕하 20:7; 단 3장
계 13:18	왕상 10:14	계 14:1	시 2:6; 사 59:20; 겔 9:4
계 14:2-3	겔 1:24; 43:2; 시 144:9	계 14:5	시 32:2; 습 3:13
계 14:7	출 20:11; 느 9:6; 시 33:6; 124:8; 146:5-6	계 14:8	사 21:9; 렘 51:7-8; 단 4:31
계 14:10	창 19:24; 시 75:8; 사 51:17, 22; 렘 25:15	계 14:11	사 34:10; 66:24
계 14:13-14	전 4:1-2; 사 19:1; 겔 1:26; 단 7:13	계 14:15-18	렘 51:33; 욜 3:11-14
계 14:19-20	사 63:1-6; 애 1:15	계 15:1	레 26:21
계 15:3	출 7:17, 20; 15:1, 11-16; 신 31:30; 32:4; 시 92:5; 111:2; 139:14; 145:17; 호 14:9	계 15:4	시 86:9; 사 66:23; 렘 10:7

계 15:5-6	출 38:21; 레 26:21	계 15:7	렘 25:15; 겔 10:7
계 15:8	출 40:34; 레 16:17; 왕상 8:10-11; 대하 5:13; 사 6:1-4; 겔 10:4	계 16:1	시 79:6; 렘 10:25; 겔 22:31
계 16:2	출 9:9-11; 신 28:35	계 16:3-6	출 7:17-21; 시 78:44; 145:17; 겔 16:38; 사 49:26
계 16:7	신 32:4; 시 19:9	계 16:9-10	출 10:22; 단 5:22-23
계 16:12	사 11:15-16; 41:2, 25; 46:11; 렘 50:38; 51:36	계 16:13	신 13:1-5
계 16:14-16	왕상 22:21-23; 습 3:8; 욜 3:2; 슥 12:11; 14:2	계 16:18-19	단 12:1; 사 51:17, 22; 렘 25:15-16
계 16:21	출 9:23-25, 34	계 17:1-8	렘 51:7-13; 사 23:17; 겔 28:13; 단 7:7-11; 11:38; 나 3:4
계 17:12	단 7:20, 24	계 17:14	단 8:25; 신 10:17; 렘 50:40, 45
계 17:15	사 8:7; 렘 47:2	계 18:1	겔 43:2
계 18:2-4	렘 50:8, 39; 51:6-9; 사 13:19-21; 14:23; 21:8; 34:11, 14; 52:11; 나 3:4	계 18:5	창 18:20-21; 렘 51:9; 욘 1:2
계 18:6	렘 50:15, 29; 51:24, 29; 시 137:8	계 18:7-8	사 47:7-9; 렘 50:31, 34; 겔 28:2; 습 2:15
계 18:9	렘 50:46; 겔 26:16-17	계 18:10	사 13:1; 21:9
계 18:11	사 23장; 겔 27:27-36	계 18:13	겔 27:12-25
계 18:17-18	사 23:1; 34:10; 겔 27:29-31	계 18:19	수 7:6; 삼상 4:12; 욥 2:12; 겔 27:20
계 18:20-21	사 44:23; 49:13; 렘 51:48, 63-64	계 18:22	사 24:8; 렘 7:34; 16:9; 25:10; 겔 26:13
계 18:23	왕하 9:22; 사 23:8; 렘 33:11; 나 3:4	계 18:24	렘 51:49
계 19:2	신 32:4, 41-43; 렘 51:48	계 19:3	사 34:10

계 19:4	대상 16:36; 느 5:13; 8:6	계 19:5	시 115:13; 134:1; 135:1, 20
계 19:6	시 93:1; 겔 1:24; 43:2; 단 10:6	계 19:8	시 45:13-14; 61:10; 132:9; 겔 16:10
계 19:11	시 18:10; 72:2; 사 11:4	계 19:12	단 10:6
계 19:13	사 63:1-6; 애 1:15	계 19:15-16	신 10:17; 시 2:9; 애 1:15; 사 11:4; 단 2:47
계 19:17-18	사 34:6; 겔 39:17-20	계 19:19	시 2:2; 욜 3:9-11
계 19:20	사 30:33; 단 1:7-11; 7:11	계 20:1-2	창 3:1; 겔 29:1-6
계 20:3-4	단 6:17; 7:9, 22, 27	계 20:5	사 26:14, 19
계 20:6	출 19:6; 사 61:6	계 20:8	겔 38:2; 39:1
계 20:9	사 8:8; 겔 38:9, 16	계 20:11	단 2:35
계 20:12	시 62:12; 69:28; 렘 17:10; 32:19; 단 7:10	계 21:1	사 65:17; 66:22
계 21:2	레 26:11-12; 사 52:1; 54:5; 61:10; 겔 40:48	계 21:3	겔 37:27; 43:7
계 21:4	사 25:8; 35:10; 51:11; 61:3; 65:19	계 21:5	사 43:19
계 21:6-7	사 12:3; 51:1; 55:1; 슥 8:8;	계 21:10	겔 40:2; 48:1-35
계 21:12-13	시 69:28; 겔 48:31-34; 단 12:1	계 21:15	겔 40:3; 슥 2:1
계 21:19	사 54:11-12	계 21:23	사 24:3; 60:19-20; 겔 48:35
계 21:24-25	사 60:3, 5, 11, 20; 66:12; 슥 14:7-21	계 21:27	사 35:8; 52:1; 60:21; 욜 3:17; 겔 44:9
계 22:1-2	창 2:9; 3:22-24; 사 46:4; 시 47:1, 7, 12; 슥 14:7-8	계 22:3	창 3:17-19; 겔 48:35; 슥 14:11
계 22:5	시 36:9; 84:11; 사 24:23; 60:19; 단 7:18, 22, 27	계 22:10-11	단 8:26; 12:4, 9-10; 겔 3:27
계 22:12	시 62:12; 사 40:10; 62:11	계 22:13	사 41:4; 44:6; 48:12

계 22:14	창 2:9; 잠 11:30; 단 12:12	계 22:15-16	민 24:17; 신 23:18; 사 11:1, 10; 슥 6:12
계 22:17	사 55:1	계 22:18	신 4:2; 12:32; 잠 30:6
계 22:19	출 32:33; 시 69:28		

주

머리말

1) Rabbi Shaya Karlinsky, "Pirkei Avot, Perek 1, Chapter 1: Mishna 6," Torah.org, accessed December 28, 2018, https://torah.org/learning/maharal-p1m6/.

1장

1) Georg Wilhelm Friedrich Hegel, GoodReads, accessed November 24, 2018, https://www.goodreads.com/quotes/12801-we-learn-from-history-that-we-do-not-learnfrom.

2) George Orwell, "As I Please," Tribune, February 4, 1944, http://orwell.ru/library/articles/ As_I_Please/english/eaip_01.

3) Quoted in Devora Steinmetz, From Father to Son(Louisville, KY: Westminster/John Knox Press, 1991), 190.

2장

1) "The Thirteen Principles of Jewish Faith," Chabad.org, accessed November 24, 2018, https://www.chabad.org/library/article_cdo/aid/332555/jewish/Maimonides-13-Principles-of-Faith.htm.

2) J. Immanuel Schochet, "Laws Concerning Kings and the Messiah," accessed November 24, 2018,https://www.chabad.org/library/article_cdo/aid/101744/jewish/Laws Concerning-Kings-and-the-Messiah.htm.

3) 영어의 'gay'란 단어는 원래 '명랑하다, 즐겁다 또는 동성애자'라는 의미를 가진다. 이전까지는 'being gay'라 하면 '명랑하다, 행복하다'라는 의미로 받아들였는데, 현대의 영어 사용자들은 '동성애자가 되는 것'이란 의미로 받아들인다 – 역자 주.

4) Bavli Sukkah 52a.

5) "Why Are There Extra Dots in Genesis 33:4?," Biblical Hermeneutics Stack Exchange,

accessed November 24, 2018, https://hermeneutics.stackexchange.com/questions/17201/why-are-there-extra-dots-in-genesis-334.

6) Avodah Zarah 3b, Sukkah 52a.

7) Asher Norman, Twenty-Six Reasons Why Jews Don't Believe in Jesus(n.p.: Black White and Read Publishing, 2007).

8) Norman, Twenty-Six Reasons Why Jews Don't Believe in Jesus.

9) Norman, Twenty-Six Reasons Why Jews Don't Believe in Jesus.

10) Norman, Twenty-Six Reasons Why Jews Don't Believe in Jesus.

3장

1) Sam Shamoun, "Muhammad's Changing of the Qiblah," Answering Islam, accessed November 25, 2018, https://www.answering-islam.org/Shamoun/qiblah.htm.

2) Shaykh Muslim Bhanji, "Authenticity of the Quran," Islam.org, accessed November 25, 2018, https://www.al-islam.org/authenticity-quran-shaykh-muslim-bhanji.

3) "Qur'an Contradiction: Mary, Sister of Aaron and Daughter of Amram," Answering Islam, accessed November 26, 2018, https://www.answering-islam.org/Quran/Contra/ qbhc06.html.

4) Mike Shuster, "The origins of the Shiite-Sunni Split," NPR, February 12, 2007, https://www.npr.org/sections/parallels/2007/02/12/7332087/the-origins-of-the-shiitesunni-split.

5) Shuster, "The origins of the Shiite-Sunni Split."

6) "Abu Bakr," New World Encyclopedia, last modified February 4, 2016, http:// www.newworldencyclopedia.org/entry/Abu_Bakr.

7) This is according to Mufti A. H. Elias Mohammad Ali ibn Zubair Ali, "Imam Mahdi (Descendent of Prophet Muhammad PBUH)," accessed November 26, 2018, http://islam.tc/prophecies/imam.

8) Quoted in Craig A. Evans and Jeremiah J. Johnston, Jesus and the Jihadis: Confronting the Rage of ISIS(Shippensburg, PA: Destiny Image, 2015). Viewed at books.google.com.

9) Sahih Muslim, vol. 8, 192–193, quoted in Bharathi Tharakaturi, The Truth of Islam and Christianity: The Deep End of Islam and Christianity(Bloomington, IN: WestBow Press, 2014). Viewed at books.google.com.

10) Ibn Kathir, The Signs Before the Day of Judgement(London: Dar Al-Taqwa, 1991), 18.

11) Shaykh Muhammad Hisham Kabbani, The Approach of Armageddon? An Islamic

Perspective(Washington, DC: Islamic Supreme Council of America, 2003), 231.

12) Kabbani, The Approach of Armageddon?, 231.

13) "Islam Is a Religion of Love and Peace," Peace and Islam, accessed November 26, 2018, http://www.peaceandislam.com/.

14) Quoted in Joel Richardson, Antichrist: Islam's Awaited Messiah(Enumclaw, WA: Pleasant Word, 2006), 48. Tabarani, as related by Hadrat Abu Umamah, as quoted by Zubair Ali, 43, and Abduallah, 55.

15) Kabbani, The Approach of Armageddon?, 223.

16) Kabbani, The Approach of Armageddon?, 224.

17) Suyuti, Durr al-Manthur, as quoted in Kabbani, The Approach of Armageddon?, 227.

18) Sahih Muslim Book 041, Number 7009, reported by Anas b. Malik. Viewed at "The Dajjal: Islam's Antichrist," Answering Islam, accessed November 26, 2018, https:// www.answering-islam.org/Authors/JR/Future/ch08_the_dajjal.htm.

19) Kamran R'ad, Freemasons and Dajjal(London: Islamic Academy, 2003), 173; "The Dajjal," Answering Islam.

20) Viewed at "The Dajjal," Answering Islam.

21) Viewed at "The Dajjal," Answering Islam.

22) Imam Qurtubi, Tazkirah, quoted in "Daabba," Discovering Islam, accessed November 26, 2018, www.discoveringislam.org/daabba.htm.

23) "Quran's Stunning Divine Miracles," Answering Christianity, accessed November 26, 2018, http://www.answeringchristianity.com/ac.htm.

24) Viewed at "The Story of Yajuj and Majuj(Gog and Magog)," IqraSense.com, accessed November 26, 2018, http://www.iqrasense.com/death-and-after-life/the-story-ofyajuj-and-majuj-gog-and-magog.html.

4장

1) "Babylonian Talmud: Tractate Sanhedrin, Folio 94a," accessed November 25, 2018, http://www.come-and-hear.com/sanhedrin/sanhedrin_94.html#94a_9.

2) Rabbi Yehudah Hayon, otzarot Acharit Hayamim, Chapter 6 [Rabbi Shapira's translation].

3) Yalkut Shimoni ii: 571(13th c.), vol. 2(Brooklyn, NY: Katav Publishing House, 1969), 9; viewed at http://netzarifaith.ning.com/forum/topics/isaiah-53-of-whom-does-the prophet-speak.

5장

1) Christian Today AU, "Best of 2010—Replacement Theology 1—Its Difficulties," Christian Today, accessed November 26, 2018, https://christiantoday.com.au/news/best-of-2010-replacement-theology-1-its-difficulties.html.

2) Quoted in "on the Keeping of Easter," in A Select Library of Nicene and Post-Nicene Fathers of the Christian Church, Second Series, ed. Philip Schaff and Henry Wace, Vol. 14(New York: Charles Scribner's Sons, 1900), 54–55. Emphasis added. Viewed online at books.google.com.

3) John Chrysostom, Adversus Iudaeos 1.3.1; 1.4.1. Translation from The Fathers of the Church: Saint John Chrysostom, vol. 68(Washington, DC: The Catholic University of America Press, 1979), viewed at http://www.tertullian.org/fathers/chrysostom_adversus_judaeos_01_homily1.htm.

4) David Patterson, Anti-Semitism and Its Metaphysical origins(New York: Cambridge University Press, 2015), 2. Viewed at books.google.com.

5) Michael L. Brown, Answering Jewish objections to Jesus(Grand Rapids, MI: Baker Books, 2000) 126.

6) "Anti-Semitism: Martin Luther—'The Jews and Their Lies,'" Jewish Virtual Library, accessed November 26, 2018, https://www.jewishvirtuallibrary.org/martin-luther-quot-thejews-and-their-lies-quot.

7) Raul Hilberg, The Destruction of the European Jews(New York: Holmes and Meier, 1985), 9; "Hilberg on the Holocaust," Jewish Virtual Library, accessed November 26, 2018, https://www.jewishvirtuallibrary.org/hilberg-on-theholocaust-2.

6장

1) Daniel Lynwood Smith, Into the World of the New Testament: Greco-Roman and Jewish Texts and Contexts(London: Bloomsbury Publishing, 2015), 143. Viewed at books.google.com.

2) Epimenides' "Cretica" is quoted twice in the New Testament. Its only source is a ninth-century Syriac commentary by Isho'dad of Merv on the Acts of the Apostles, discovered, edited, and translated into Greek by Prof. J. Rendel Harris in a series of articles in The Expositor(october 1906, 305–17; April 1907, 332–37; April 1912, 348–353), https://books.google.com/books?id=facQAAAAYAAJ&pg=PA336#v=onepage&q&f=false.

3) "Phenomena" 1–5, by the Stoic poet Aratus, 310–240 BC. Quoted in E. Christopher Reyes, In His Name, vol. 4(Victoria, British Columbia: Trafford, 2014), 260. Viewed at books.google.com.

7장

1) David Pierson, "Fake Videos Are on the Rise. As They Become More Realistic, Seeing Shouldn't Always Be Believing," Los Angeles Times, February 19, 2018, http://www.latimes.com/business/technology/la-fi-tn-fake-videos-20180219-story.html.

2) Pierson, "Fake Videos Are on the Rise."

3) Arjun Kharpal, "A.I. Will Be 'Billions of Times' Smarter Than Humans and Man Needs to Merge With It, Expert Says," CNBC, February 13, 2018, https://www.cnbc.com/2018/02/13 a-i-will-be-billions-of-times-smarter-than-humans-man-and-machine-need-to-merge.htm.

4) Paul Mozur, "Looking Through the Eyes of China's Surveillance State," New York Times, July 16, 2018, https://www.nytimes.com/2018/07/16/technology/chinasurveillance-state.html.

5) Charles Rollet, "The odd Reality of Life Under China's All-Seeing Credit Score System," Wired, June 5, 2018, https://www.wired.co.uk/article/china-social-credit;"China's Behavior Monitoring System Bars Some From Travel, Purchasing Property," CBS News, April 24, 2018, https://www.cbsnews.com/news/china-social-credit-systemsurveillance-cameras/.

6) World Economic Forum, "Questioning our Human Future," January 24, 2018, Youtube video, 47:17, https://www.youtube.com/watch?v=GhF7Skyx0F8.

7) Janet Burns, "Mind-Reading Robot Can Tell From Your Brainwaves When It's Made a Mistake," Forbes, March 6, 2017, https://www.forbes.com/sites/janetwburns/2017/03/06/mind-contolled-robot-knowswhen-you-think-its-made-a-mistake/#5aaf8c5f2280.

8) Rob Price, "Artificial Intelligence–Powered Malware Is Coming, and It's Going to Be Terrifying," Business Insider, october 8, 2016, https://www.businessinsider.com/darktrace-dave-palmer-artificial-intelligence-powered-malwarehacks-interview-2016-10.

8장

1) Bible Hub, s.v. "Heth," accessed November 26, 2018, https://biblehub.com/topical/h/heth.htm.

2) Bible Hub, s.v. "davaq," accessed November 26, 2018, https://biblehub.com/hebrew/1692.htm.

3) Midrash Bamidbar Rabah.

4) D. Thomas Lancaster, Restoration: Returning the Torah of God to the Disciples of Jesus(Littleton, Co: First Fruits of Zion, 2005), 116.

5) Lancaster, Restoration, 117.

6) Lancaster, Restoration, 122.

7) Raphael Patai, The Hebrew Goddess(Detroit: Wayne State University Press, 1990), 50.

10장

1) Flavius Josephus, The Works of Flavius Josephus, trans. William Whiston(n.p.: The British Library, 1849), 268. Quote verified at books.google.com.

12장

2) Bible Hub, s.v. "moed," accessed November 26, 2018, https://biblehub.com/ hebrew/4150.htm.

Decoding the Antichrist and the End Times

by Mark Biltz

Copyright ⓒ 2019 by Rabbi Mark Biltz

Originally published in English under the title
Decoding the Antichrist and the End Times
by Charisma House
Charisma Media/Charisma House Book Group,
600 Rinehart Road, Lake Mary, Florida 32746

Korean Translation Copyright ⓒ 2020 by Pure Nard
2F 16, Eonju-ro 69-gil Gangnam-gu, Seoul, Korea

The Korean edition is published by arrangement with Charisma House.
All rights reserved.

본 저작물의 한국어판 저작권은 Charisma House와의 독점 계약으로 '순전한 나드'가 소유합니다.
저작권자의 허락 없이 이 책의 일부 또는 전체를 무단 복제, 전재, 발췌하면 저작권법에 의해 처벌을 받습니다.

적그리스도와 마지막 때 분별하기

초판 발행 | 2020년 10월 12일

지 은 이 | 마크 빌츠
옮 긴 이 | 서은혜

펴 낸 이 | 허철
편　　집 | 김혜진
디 자 인 | 이보다나
총　　괄 | 허현숙
인 쇄 소 | 예원프린팅

펴 낸 곳 | 도서출판 순전한 나드
등록번호 | 제2010-000128
주　　소 | 서울특별시 강남구 언주로69길 16, (역삼동) 2층
도서문의 | 02) 574-6702
팩　　스 | 02) 574-9704
홈페이지 | www.purenard.co.kr

ISBN 978-89-6237-317-2 03230

(CIP제어번호 : CIP2020039713)
이 도서의 국립중앙도서관 출판예정도서목록(CIP)은 서지정보유통지원시스템 홈페이지(http://seoji.nl.go.kr)와 국가자료공동목록시스템(http://www.nl.go.kr/kolisnet)에서 이용하실 수 있습니다.